本报告为国家自然科学基金项目“高等教育监测评估理论与方法研究”（批准号：71273029）的阶段性成果

本报告获得中国学位与研究生教育学会
全国首届研究生教育成果奖一等奖

内容简介

《中国研究生教育质量年度报告（2016）》是具有研究性质的、第5部研究生教育质量年度报告。报告坚持以“年度”和“质量”为核心主题词，从多角度、多层面研究了我国5个年度的研究生教育质量，力求科学、客观地反映我国研究生教育年度质量。

本报告回顾了“十二五”期间我国提高研究生教育提高质量的主要举措，对“十二五”期间我国研究生教育质量进行了总体评价，并对“十三五”时期研究生教育质量提高进行了展望；对2015年我国研究生教育发展状态进行了数据分析，对2015年我国研究生教育质量进行了基本描述，构建了研究生教育质量指数；遴选出2015年度中国研究生教育质量九大事件、质量单位上海交通大学和本年度质量人物潘建伟；从人才培养和社会贡献两个维度，对31个省、自治区、直辖市的研究生教育质量进行了单项排名；对全国139所研究生培养单位的39715名研究生进行的满意度调查显示，研究生对教育质量的总体满意度为70.7%；收集了QS、《泰晤士报高等教育专刊》等国外媒体对我国研究生教育发展的观察，以及美国、印度等金砖国家研究生教育质量现状及发展趋势。编录了2015年中国学位与研究生教育要事志、第五届学位与研究生教育优秀博士学位论文名单、第六届《学位与研究生教育》优秀论文名单、2014年学位授权点及专项评估结果及处理意见、2015年学位与研究生教育质量方面的两个重要文件。

本报告内容翔实，全面、客观、多角度反映了2015年度中国研究生教育质量概况，为全面提高我国研究生教育质量提供宝贵资料和决策依据。为研究生培养单位创新研究生培养模式，提高培养质量提供有益的参考，是公众了解我国研究生教育质量状况的重要来源，也是长期从事学位与研究生教育研究学者的重要参考资料。

Abstract

Annual Report on Chinas Graduate Education Quality 2016 is the fifth report on the graduate education quality. This report, highlighting 'chronicle' and 'quality', analyzed the quality from multiple levels and perspectives and provided an overview of China's graduate education quality in 2015 scientifically and objectively.

This report reviewed major improving measures, held an overall quality evaluation of the 'Twelfth Five Year Plan' period, and proposed prospects for the next five years. It did data analysis of annual development status, made a basic description, and constructed quality indexes.Nine annual events, and Shanghai Jiao Tong University as the annually representative unit and Pan Jianwei as the character be selected. From the two dimensions of personnel cultivation and social contribution respectively, the report made a ranking of 31 provincial quality. The satisfaction questionnaire of 39, 715 graduate students in 139 graduate training units presented that the satisfaction degree was 70.7%. The report collected QS, Times Higher Education and other foreign media' s observation on Chinese quality and current situations and tendency of America and the BRICS. The report catalogs important events of 2015 and the Sixth Degree and Graduate Education Outstanding Doctoral Dissertations. Moreover, the results and the handling opinions of degree authorized units' evaluation and the thematic evaluation of 2014, and two important documents of 2015 be showed.

The report presented a detailed content and reflected general qualityof 2015 comprehensively, objectively and multi-dimensionally. It not only provided valuable information and decision-making basis for comprehensive quality improvement, but also gave the training units useful references for training mode innovation and training qualityimprovement.At the same time, this report supply a greater public access and a helpful reference for scholars in the same field.

北京理工大学学位与研究生教育研究中心
Research Center for Graduate Education(RCGE),BIT

中国研究生
教育质量年度报告
（2016）

Annual Report on China's Graduate Education Quality 2016

研究生教育质量报告编研组　编著

中国科学技术出版社
· 北　京 ·

图书在版编目（CIP）数据

中国研究生教育质量年度报告. 2016/研究生教育质量报告编研组编著. —北京：中国科学技术出版社，2016. 10
ISBN 978-7-5046-7249-0

Ⅰ. ①中… Ⅱ. ①研… Ⅲ. ①研究生教育—教育质量—研究报告—中国—2016 Ⅳ. ①G643

中国版本图书馆CIP数据核字（2016）第240809号

选题策划　苏　青　王晓义
责任编辑　王晓义
封面设计　孙雪鹂
责任校对　杨京华
责任印制　张建农

出　　版　中国科学技术出版社
发　　行　中国科学技术出版社发行部
地　　址　北京市海淀区中关村南大街16号
邮　　编　100081
发行电话　010-62173865
传　　真　010-62179148
投稿电话　010-62176522
网　　址　http://www.cspbooks.com.cn

开　　本　720mm×1000mm　1/16
字　　数　200千字
印　　张　13.25
印　　数　1—3000册
版　　次　2016年10月第1版
印　　次　2016年10月第1次印刷
印　　刷　北京盛通印刷股份有限公司

书　　号　ISBN 978-7-5046-7249-0/G·732
定　　价　49.00元

研究生教育质量报告编研组

主　编	王战军	北京理工大学学位与研究生教育研究中心	主任　教授
		清华大学教育研究院	教授、博士生导师
副主编	周文辉	北京理工大学学位与研究生教育研究中心	副主任　博士生导师
		学位与研究生教育杂志社	社长、执行副主编

编委会成员（排序不分先后）

廖湘阳	湘潭大学商学院	教　授
耿有权	东南大学高等教育研究所	研究员
刘俊起	学位与研究生教育杂志社	编　辑
荣利颖	首都师范大学教育学院	副教授
唐广军	北京石油化工学院研究生处	副研究员
赵清华	学位与研究生教育杂志社	副社长
王传毅	武汉大学教育科学研究院	副教授
周玉清	学位与研究生教育杂志社	副编审

专家委员会成员

委员会主任

赵沁平　中国学位与研究生教育学会会长、中国工程院院士

委员会成员

丁雪梅	哈尔滨工业大学	副校长、教　授
叶茂林	北京市教育委员会	副主任、研究员
申纪云	湖南省教育厅	副厅长、研究员
张淑林	中国科学技术大学	副校长、研究员
顾云深	复旦大学研究生院	常务副院长、教　授
魏兆胜	黑龙江省教育厅	常务副厅长、研究员

主编简介

王战军，1956 年生，教育部高等教育教学评估中心原副主任；现任北京理工大学学位与研究生教育研究中心主任、教授、博士生导师，清华大学教授、博士生导师。

30 多年来，一直从事高等教育管理、教学、科研与评估研究；主要研究方向为：高等教育管理与评估、教育发展战略、管理信息系统等；曾策划、研制并组织开展多项全国学位与研究生教育评估项目；组织参与多项全国高等教育评估项目；主持参与并完成国家自然科学基金和国家社会科学基金项目 9 项；发表论文 90 余篇，其中代表性的有《数据密集型评估：高等教育监测评估的内涵、方法与展望》(《教育研究》，2015.6)，《以新发展理念引领高等教育质量监测数据平台建设》(《中国高教研究》，2016.7)《大数据背景下的院校治理现代化》(《高等教育研究》，2016.3)《高等教育质量保障新类型：监测评估》(《高等教育研究》，2015.4)，《加强研究生教育科学研究促进研究生教育改革与发展》(《学位与研究生教育》2014.8)，《研究生教育评估新思维》(《清华大学教育研究》，2012.1)，《研究生质量评估：模型与框架》(《高等教育研究》，2012.3)，《建立健全新时期研究生教育质量保障体系》(《中国高等教育》2012.6)；出版著作多部，代表性的有《中国研究生教育研究进展报告》(系列 2012、2013、2014、2015)、《中国研究生教育质量年度报告》(系列 2012、2013、2014、2015)、《学位与研究生教育评估理论与方法》《中国研究生教育质量保障体系理论与实践》《研究型大学与高等教育强国》，*The Construction and Development of Research Universities in China*，《学位与研究生教育评估技术与实践》等。

主要社会兼职有：全国高校质量监测研究会会长、中国学位与研究生教育学会学术委员会副主任委员、中国高等教育质量保障与评估机构协作会副理事长兼秘书长、中国高等教育评估研究会副理事长、中国教育发展战略学会理事、中国科学与科技政策研究会常务理事、《科学学研究》编委会编委、《研究生教育研究》编委会副主任委员等。

曾多次代表我国专业评估机构访问美国、英国、澳大利亚、法国、意大利、加拿大、中国台湾地区等多个国家和地区，并与其评估组织进行了交流与学习。

前　言

2015年，是我国“十二五”规划收官之年，也是我国研究生教育事业发展承前启后的关键之年。2015年我国研究生教育继续呈现良好的发展态势。研究生培养单位达到792个。研究生招生规模稳中有增，共招生研究生64.51万人，比2014年增加2.37万人；在校研究生规模达191.14万人，比2014年增加近7万人，增长率为3.45%；教育经费总投入为32806.46亿元，比上年的30364.72亿元增长8.04%；研究生就业形势进一步好转——教育部76所直属高校公布的2015届毕业生就业质量年度报告显示，有44所高校的硕士就业率超过95%；来华攻读研究生学位人数达到5.36万人，同比增加11.63%。

“十二五”期间，我国研究生教育发展基本完成了由扩大规模向提高质量、从外延扩张向内涵发展、以知识为本向以能力为本的转变。我国研究生教育发展水平大幅提升，对国家社会经济发展的支撑能力大幅提高。“十二五”时期，我国研究生教育质量状况突出表现在以下几个方面。

1. 以提高质量为核心不断深化改革，推动了我国研究生教育持续发展

“十二五”时期，我国研究生教育事业以提高质量为核心，不断深化综合改革，集中力量解决制约研究生教育质量的关键问题，推动了研究生教育由外延式扩张走向内涵式发展的道路。“十二五”时期，我国研究生教育以服务国家和社会经济发展需求为主线，以提高质量为核心，从专业学位到学术学位等类型，从硕士研究生到博士研究生等层次，从研究生招生选拔制度、人才培养模式、导师权责机制、评价监督机制、开放与合作、政策与保障等方面，对我国研究生教育进行了持续、深入、系统、全面的改革。这一系列的改革与发展推动了我国研究生教育质量的不断提高，为我国由研究生教育大国向研究生教育强国迈进提供了强有力的支撑。

2. 以制度建设为重点积极转变职能，构建了完善的研究生质量保障体系

“十二五”时期，国家积极转变政府职能，深入推进管办评分离，构建研究

生教育的公共治理体系。一方面政府以制度建设为重点，加大顶层设计，加大政策供给，连续出台了《关于加强学位与研究生教育质量保证和监督体系建设的意见》《一级学科博士、硕士学位基本要求》《学位授权点合格评估办法》《学位论文作假行为处理办法》《博士硕士学位论文抽检办法》等众多政策和制度，为推动我国研究生质量提高提供了制度保障。另一方面，政府积极简政放权，积极鼓励社会组织参与研究生教育治理。2014 年由中国学位与研究生教育学会举办的首届“中国学位与研究生教育学会研究生教育成果奖”评选活动，是我国社会组织参与研究生教育质量评价的具体表现，这也必将成为我国研究生质量保障的趋势和方向。

3. 以创新能力为关键变革培养模式，为社会发展做出了突出贡献

“十二五”时期，各研究生培养单位更加注重研究生创新精神和创新能力的培养，主动探索建立研究生培养单位、科研院所和行业企业联合培养和协调创新的人才培养机制，积极实施形式多样的人才培养模式，努力培养研究生的创新精神，不断提高研究生的实践创新能力。把坚持立德树人作为根本任务，注重研究生综合素质的培养，当前，在校研究生已经成为我国高水平学术论文的重要主力军和科研的重要力量。研究生教育为国家培养了数以万计的创新型高层次专业人才，为推动社会经济发展和创新型国家建设做出了突出贡献。

4. 以学生发展为根本持续改善环境，研究生总体满意度不断提高

“十二五”时期，研究生培养单位以学生发展为根本，不断改善教育条件和环境，持续进行教学改革，加大师资队伍、资源和物质保障等方面的投入，使教育教学条件得到不断改善，在校研究生总体满意度不断提高。由本编研组连续 5 年组织开展的全国在校研究生满意度调查结果显示，2012—2015 年，在校研究生对研究生教育的总体满意度从 63.1% 提高到 71.7%，累计提高 8.6 百分点。研究生对课程教学、科研训练、指导教师、管理与服务等研究生教育的主要方面的满意度与 2012 年相比均有 8 百分点以上的累计提升幅度。其中，2015 年在校研究生对指导教师的满意度甚至达到 87.0%。

5. 来华留学研究生人数持续增加，我国研究生教育质量获得国际认可

随着我国社会经济的发展和研究生教育质量的不断提高，“十二五”期间来华留学研究生人数占留学生总体的比例逐年提高，从 9.38% 增加到 13.47%。来

华攻读硕士学位的留学生人数从2011年的2.35万人，增加到2015年的3.9万人；来华攻读博士学位的留学生人数由0.69万人，扩大到1.43万人，人数增加了一倍多。来华攻读研究生的留学生人数的持续增加，从一个侧面表明我国研究生教育质量获得了良好的国际声誉，得到了一定的认可。

但是，我们也应清楚地认识到，当前我国研究生教育进入深化综合改革的深水区和关键期，许多制约研究生质量提高的关键问题还没有得到有效解决；人才培养的整体质量与世界发达国家相比还存在一定差距，需要进一步提高；人才培养模式与国家战略需求还有较大差距，亟待进一步改革；研究生创新意识和创新能力不强，不能真正引领社会发展的方向，不能完全满足社会发展的需求；质量文化相对薄弱，难以与我国研究生教育发展的需求相匹配等。

2016年，是我国“十三五”的开局之年，也是实现《国家中长期教育改革发展规划纲要（2010—2020）》提出的到2020年基本实现教育现代化的中间年，更是国家推进实施世界一流大学和一流学科建设的第一年。适应当今社会经济发展的新形势和国家发展战略的新需求，需要我国研究生教育继续开拓创新，不断深化改革，持续提高质量，为推动我国社会发展做出新的更大的贡献。

面对我国研究生教育事业发展的新阶段、新特征，编研组以创新为驱动，突出强调“多角度、多层面”呈现2015年我国的研究生教育质量的特点。所谓多角度，就是运用事实说、数据说、第三方说、省域说、学生说、国外媒体和专家学者说等多重视角，直观化、多元化地呈现2015年度我国研究生教育质量状态。多层面是指本报告既有从国家层面、省级层面对我国研究生教育质量的客观分析，也有从学生层面对我国研究生教育质量的评价。

基于此，报告在内容方面做了如下布局：一是全面回顾和评价了“十二五”时期我国研究生教育质量的总体概况，并对“十三五”时期我国研究生教育进行了展望；二是直观呈现了2015年度我国研究生教育质量状态，首次构建了我国研究生教育质量指数；三是遴选出2015年我国研究生质量年度九大事件、年度质量单位上海交通大学和年度质量人物中国科学技术大学潘建伟院士；四是从人才培养和社会贡献两个维度构建了省级研究生教育质量评价理论指标体系，并结合数据的可得性，对全国31各个省、自治区、直辖市的研究生教育质量进行了单项排名；五是对全国139个研究生培养单位的近4万名在校研究生进行了满意度调查，进一步全面了解了我国研究生教育质量状况。六是通过综述境外媒体对我研究生教育质量评价和国外研究生教育动态，有助于更加全面系统地掌握国内外研究生教育的现状及趋势。同时，为了进一步增强报告的实用性，我们还编录了 2015 年中国学位与研究生教育要事志、2015 年学位与研究生教育优秀博士学位论文名单、2015 年学位与研究生教育质量方面的重要文件，并新增了第六届《学位与研究生教育》优秀论文名单、2014 年学位授权点及专项评估结果及处理意见等。

通过《中国研究生教育质量年度报告》，我们希望达到以下三个目的：一是以第三方的视角，用数据和事实的方式，科学、客观呈现我国研究生教育质量现状；二是以“年度”和“质量”为核心关键词，多角度、多层面研究我国研究生教育质量状态；三是通过对我国研究生教育质量存在的问题及今后可能出现的问题进行科学评判，以引起有关部门和机构对相关问题的重视，推动他们及时发现问题、研判问题和解决问题。

当前我国研究生教育正处于发展战略转型期，在国家实施创新驱动发展战略和双一流建设目标的指引下，我国研究生教育肩负着服务国家发展战略需求，满足国家社会经济建设需要，适应研究生个性发展趋势，培养社会主义事业接班人，建设高等教育强国的重要使命。我们编研组将持续创新报告的内容和形式等，为推动我国研究生教育质量的提高做出自己的一点点贡献。

目 录

Contnets

第一章 “十二五”中国研究生教育质量述评

进入“十二五”，提高质量成为研究生教育改革发展最核心最紧迫的任务，成为研究生教育改革发展最鲜明最突出的特征，提高研究生教育质量上升到了一个新的高度，成为新的起点。2011 年将提高质量作为研究生教育发展的战略，采取一系列措施来促进研究生教育质量的提升。2012 年深化研究生培养机制改革，加强质量监督保证体系建设，大幅提升学位与研究生教育发展水平和支撑服务能力[①]。2013 年启动研究生教育综合改革，确立了“以服务需求、提高质量为主线”“更加突出服务经济社会发展，更加突出创新精神和实践能力培养，更加突出科教结合和产学结合，更加突出对外开放”的总体思路。2014 年召开了首次全国研究生教育质量工作会议，出台了一系列研究生教育质量保障制度，启动了学位授权点合格评估。总之，“十二五”期间我国研究生教育面对新的改革形势和新的发展使命，坚持服务经济社会需求这一主方向，抓住深化改革这一主基调，唱响内涵发展和提高质量这一主旋律，实现了有质量的快速发展。

一、“十二五”期间研究生教育提高质量的举措

提高质量是“十二五”期间我国研究生教育改革发展的核心，研究生教育改革发展开始转向围绕提高质量这一核心来进行，工作重点转到提高质量上来，将提高质量作为研究生教育改革与发展的亮点和主旋律，集中力量解决研究生教育的质量问题，促进学位与研究生教育可持续发展[②]。

---

① 刘延东.在国务院学位委员会第二十九次会议上强调系统部署，重点推进，全面提升学位与研究生教育水平［EB/OL］.［2013-08-10］.http://www.moe.edu.cn/publicfiles/business/htmlfiles/moe/moe_847/201202/131256.html.

② 刘延东 . 在纪念《中华人民共和国学位条例》实施三十周年纪念大会上的讲话［N/OL］.［2011-02-12］. http://www.moe.edu.cn/publicfiles/business/htmlfiles/moe/moe_176/201103/116234.html.

（一）深化改革：提高研究生教育质量的驱动力

1. 研究生教育综合改革

2013年4月19日印发《关于深化研究生教育改革的意见》

2013 年 4 月 19 日，教育部、国家发展改革委、财政部联合印发《关于深化研究生教育改革的意见》。2013 年 2 月 6 日，国务院常务会议部署完善研究生教育投入机制；3 月 1 日财政部、国家发展改革委、教育部联合印发《关于完善研究生教育投入机制的意见》；7 月 10 日召开全国研究生教育工作视频会议；11 月 26 日，教育部、人力资源和社会保障部公开发布《关于深入推进专业学位研究生培养模式改革的意见》。一系列改革与发展新政策新措施的出台，受到了舆论的高度关注，学位与研究生教育综合改革与质量提高进入一个新的发展阶段。研究生教育综合改革紧紧围绕服务需求、提高质量这条主线，以分类推进培养模式改革、统筹构建质量保障体系为着力点，通过改革招生选拔制度、创新人才培养模式、健全导师权责机制、改革评价监督机制、深化开放合作、强化政策和条件保障等一系列重要举措，推动研究生教育质量提升和内涵发展，实现到 2020 年基本建成规模结构适应需要、培养模式各具特色、整体质量不断提升、拔尖创新人才不断涌现的研究生教育体系的目标，为我国进入人才强国和人才资源强国行列提供有力支撑。

内涵发展和提高质量是我国研究生教育当前发展的根本方向。研究生教育在不同的发展阶段，有着不同的质量要求和质量问题，也就存在不同的改革诉求和改革任务。当前研究生教育改革进入深水区，一方面仅仅依靠单一的、零散的改革已不能解决研究生教育的深层次问题，系统的、综合性改革迫在眉睫；另一方面改革重点逐渐由外入内、自上而下[①]，研究生培养单位深入开展内部培养体制与机制的改革，全面推动人才培养质量与水平的提升，成为改革的突破口。综合改革政策出台以后，研究生培养单位采取了相应的改革举措，取得了良好的反

① 阎光才 . 研究生教育质量提升面临“内部”困局［N］. 光明日报，2015-01-06（14）.

响。但也要看到目前存在的一些问题，就是培养单位通常只关注研究生教育改革的某个方面，而较少从综合改革的高度来深刻领会这一轮学位与研究生教育改革的真正内涵和要求，根据《关于深化研究生教育改革的意见》这一综合性改革纲领结合实际制定相应的综合性改革思路和行动方案的培养单位也不多，真正作为行动纲领而付诸实施的更少。研究生教育改革已经进入深水区，亟需的综合性、系统性改革，缺乏综合性、系统性、前瞻性的改革思路和行动方案的支撑，所谓改革就可能只是小打小闹，难以真正解决学位与研究生教育发展中的深层次问题。

2. 推进培养机制改革

培养机制改革是全面提高研究生教育质量的前提。《教育部 2012 年工作要点》明确提出“深入推进研究生培养机制改革”，教育部《关于全面提高高等教育质量的若干意见》再次强调“改革研究生培养机制”。研究生培养机制改革的总体思路是需求导向、特色多样、高端引领，重点改革内容是结构调整、模式改革、创新制度、支持保障①，具体措施包括完善以科学研究和实践创新为主导的导师负责制；学术学位研究生导师应通过科研任务，提高研究生的理论素养和实践能力；专业学位突出职业能力培养，与职业资格紧密衔接，建立健全培养、考核、评价和管理体系；推动高校与科研院所联合培养，鼓励跨学科合作指导；健全研究生考核、申诉、转学等机制，完善在课程教学、中期考核、开题报告、预答辩、学位评定等各环节的研究生分流、淘汰制度等方面。

“十二五”研究生培养机制改革的社会反响无疑是最大的，也是最深远的

研究生培养机制改革是一项综合性、系统性的改革，是提高研究生教育质量的根本前提和保证。研究生培养机制改革，无论是在国家层面，还是在研究生培养单位层面，都已经提了很多年，也围绕这一方面进行了大量的改革与实践。“十二五”以来研究生培养机制改革方面所开展的一系列改革创新所引起的社会反响无疑是最大的，也是最深远的。清华大学将研究生培养机制改革的突破口选

① 张大良、郭新立、王延觉、张东刚做客强国论坛谈“全面提高高等教育质量”.[EB/OL].[2012-04-20].http://www.moe.edu.cn/publicfiles/business/htmlfiles/moe/s6410/201204/134381.html.

定为：研究生是科学研究的生力军，是教师进行科研工作的重要助手，研究生是通过研究来学习和培养的；通过改革机制，促使研究生培养与高水平研究紧密结合，从而在良好的科研环境中培养出高质量的研究生。中国科学技术大学提出以科教结合为切入点，以提升培养质量为目标，以实施分类培养为抓手，以本硕博、硕博长周期培养模式为主体，以导师为主导，以完善研究生资助体系为保障，深入推进研究生培养机制改革。研究生培养机制改革既涉及宏观层面，又涉及微观层面，最终要落实到培养单位、指导教师、研究生和社会用人单位之间的相关关系和作用方式的改革与创新上。从这个意义上讲，培养机制改革要以培养单位的积极参与、大胆创新为根本前提，这就要求进一步扩大和落实研究生培养单位的办学自主权。

3. 专业学位研究生教育综合改革试点

专业学位研究生教育改革是“十二五”期间我国研究生教育改革的重要方面。2011 年 1 月 14 日召开了全国专业学位研究生教育综合改革试点工作会议，改革试点工作围绕培养高层次应用型专门人才这个中心任务进行，具体内容涉及 7 个方面[①]。2013 年 11 月 4 日，教育部、人力资源和社会保障部联合发布《关于深入推进专业学位研究生培养模式改革的意见》，提出发展专业学位研究生教育，深入推进培养模式改革，以职业需求为导向，积极推进专业学位与学术学位硕士研究生分类考试、分类招生，建立以提升职业能力为导向的专业学位研究生培养模式。2015 年 11 月 25 日召开了深化专业学位研究生教育综合改革推进会，强调要把专业学位研究生教育综合改革作为“十三五”期间的重要任务，着力探索符合专业学位研究生教育规律的培养模式，办出特色、办出水平。

专业学位研究生教育综合改革作为“十三五”期间的重要任务

专业学位研究生教育的快速发展是与研究生教育综合改革同步的，全方位的改革与创新是专业学位获得社会认可的前提。专业学位研究生教育改革的目的是提高教育质量和赢得社会认同，而焦点就是培养模式和培养机制的改革与创新，

① 全国专业学位研究生教育综合改革试点工作会召开［EB/OL］.［2011-01-14］.http://news.163.com/11/0114/16/6QCG0PF400014JB5.html.

要通过综合改革，使不同地区、不同学校、不同类别的专业学位研究生教育，走出各具特色、符合规律、满足需要、质量上乘的发展模式[①]。专业学位研究生教育改革要在政府宏观政策的引导下，切实发挥培养单位的创造性，借鉴国际先进做法，创新培养模式，建立完备的专业学位质量保障体系和教学体系，让专业学位研究生培养真正绽放其巨大的专业魅力和吸引力。

（二）制度建设：提高研究生教育质量的路线图

1. 出台加强学位与研究生教育质量保证和监督体系建设的系列文件

2014年3月17日正式发布《关于加强学位与研究生教育质量保证和监督体系建设的意见》《学位授权点合格评估办法》和《博士硕士学位论文抽检办法》

国务院学位委员会2011年工作要点提出[②]，以"完善制度、提高质量，科教结合、支撑创新，适应需求、引领未来"为基本思路，重点做好八个方面的工作，其中第六个方面就是继续推动学位与研究生教育质量保障和监督体系建设。国务院学位委员会、教育部2014年3月17日正式发布《关于加强学位与研究生教育质量保证和监督体系建设的意见》《学位授权点合格评估办法》和《博士硕士学位论文抽检办法》3个文件，这是国务院学位委员会、教育部首次印发的有关学位与研究生教育质量保证和监督体系建设的专门文件。《关于加强学位与研究生教育质量保证和监督体系建设的意见》对如何强化学位授予单位的质量保证，加强教育行政部门的质量监管，充分发挥学术组织、行业部门和社会机构的监督作用提出了具体要求。《关于加强学位与研究生教育质量保证和监督体系建设的意见》以附件的形式提出了《学位授予单位研究生教育质量保证体系建设基本规范》，分目标与标准、招生管理、培养过程与学位授予管理、导师岗位管理、研究生管理与服务、条件保障与质量监督、质量管理与质量文化7个部分对

① 林蕙青.积极探索　开拓创新　深入开展专业学位研究生教育综合改革试点[J].中国高等教育，2011（6）：9—12.

② 国务院学位委员会2011年工作要点.[EB/OL].[2011-03-22].http://www.cdgdc.edu.cn/xwyyjsjyxx/sy/syzhxw/272700.shtml.

研究生教育质量保证体系建设提出了明确的要求。《学位授权点合格评估办法》共有 18 条，规定了学位授权点合格评估的基本制度、基本原则、基本程序以及评估结果的公布与处理等相关内容。学位授权点合格评估分为学位授予单位自我评估和教育行政部门随机抽评两个阶段，以学位授予单位自我评估为主，着眼于发现问题，办出特色，持续提升研究生教育质量。《博士硕士学位论文抽检办法》共计 12 条，规定了学位论文抽检的组织实施、范围比例、评议方式以及抽检结果的反馈对象和使用方式等相关内容。

加强学位与研究生教育质量保证和监督体系建设系列文件的出台对我国研究生教育的积极意义，较系统地提出了研究生教育质量保证与监督体系建设的总体思路和具体举措，从研究生教育基本活动入手，着眼于研究生教育质量标准这一重要环节的改革，明确要求培养单位“确立与本单位办学定位相一致的人才培养与学位授予质量标准”，引导我国研究生教育走向特色化、多样化和创新性发展，为我国研究生教育的创新性发展开启了新的征途，标志着我国研究生教育“迈进质量时代”。为此，要转变政府职能，树立科学的质量观，以研究生和导师为核心，以学位授予单位为重心，从研究生教育基本活动入手，明确各质量主体职责，基于管办评分析的原则，共同建构起与研究生教育强国建设相适应、符合国情和遵循研究生教育规律的质量保证和监督体系。

2. 印发《一级学科博士、硕士学位基本要求》

国务院学位委员会、教育部 2013 年 9 月联合印发了针对学术学位的《一级学科博士、硕士学位基本要求》[①]，从学科前沿、社会需求、知识结构、综合素养与能力、基本规范等方面制定了一级学科授予博士学位、硕士学位的基本要求。《一级学科博士、硕士学位基本要求》《学位授予和人才培养一级学科简介》[②] 发布引起了舆论积极正面的反响，媒体纷纷以《研究生教育有了‘国家标准’》为题进行报道。大部分媒体和网民对此持积极肯定的态度，认为这一“国家标准”提出了各一级学科研究生获得博士或硕士学位时必须达到的要求，具有较强的指

① 国务院学位委员会第六届学科评议组 . 一级学科博士、硕士学位基本要求（上下册）[M]. 北京：高等教育出版社，2013.

② 国务院学位委员会第六届学科评议组 . 学位授予和人才培养一级学科简介[M]. 北京：高等教育出版社，2013

导性，将给研究生教育提高质量带来新变化。

质量标准是质量保障的依据与起点，学位与研究生教育质量标准体系大致可以分为 3 个层次，即处于最顶层的国家标准、处于中观层次的学科 / 行业 / 领域标准、处于操作层次的培养单位质量标准，不同层次的学位标准有其特定的定位和重点内容。《中华人民共和国学位条例》（简称《学位条例》）是学位与研究生教育质量的国家标准，《一级学科博士、硕士学位基本要求》则是属于质量标准体系的中观层次。正如其名称《一级学科博士、硕士学位基本要求》所标识的，它与《学位条例》的强制性和法律效力是有区别的，乃是各个一级学科博士、硕士学位的基本要求或者质量基准，为学位授予单位制定本单位博士、硕士学位授予具体的标准留有空间。从质量标准体系的视角来审视“国家标准”和“培养特色”，则“国家标准”是整个研究生教育质量标准的骨骼，“培养特色”是整个研究生教育质量标准的血肉，没有骨骼的支撑整个研究生教育质量标准就立不起来，没有血肉的充实整个研究生教育质量标准就失去活力。

3. 出台《学位论文作假行为处理办法》

教育部 2012 年 11 月正式发布《学位论文作假行为处理办法》（中华人民共和国教育部令第 34 号），自 2013 年 1 月 1 日起施行。《学位论文作假行为处理办法》共包括 16 条，明确了学位申请人员、指导教师、培养单位、学位授予单位及相关人员的责任，具体界定了 5 种学位论文作假行为以及对学位违规行为的处理措施等。比如，学位申请人员的学位论文出现购买、由他人代写、剽窃或者伪造数据等作假情形的，学位授予单位可以取消其学位申请资格或者撤销学位，且从做出处理决定之日起至少 3 年内，各学位授予单位不得再接受其学位申请。

《学位论文作假行为处理办法》征求意见阶段，引起了广泛的社会关注，社会公众在普遍支持出台该办法的同时，提出了一些质疑和建议，比如担忧缺乏执行细节的法令难以产生实效，质疑“导师连坐制”的合理性，提出加大监管惩罚力度等。《学位论文作假行为处理办法》的关键是执行，要制定具体可行的操作措施、合理规范的执行标准，提高可操作性；要营造良好的学术范围，确立正确的研究生培养观和质量观，避免急功近利的价值取向和敷衍塞责的培养方式，引导研究生健康成长成才。

（三）质量抓手：提高研究生教育质量的着力点

1. 加强研究生课程建设

教育部办公厅 2014 年 7 月 25 日印发《关于改进和加强研究生课程建设的意见》，就发挥课程学习在研究生培养中的作用，加强研究生课程建设提出了指导性意见，具体内容包括强化研究生培养单位的课程建设责任，构建符合培养需要的课程体系，建立规范、严格的课程审查机制，加强研究生选课管理，改进研究生课程教学，完善课程考核制度，提高教师教学能力和水平，加强课程教学管理与监督 8 个方面。

《关于改进和加强研究生课程建设的意见》的出台意味着课程建设将成为研究生教育改革与发展的一个重要抓手

系统深入的课程学习是我国学位和研究生教育制度的重要特征，是保障研究生培养质量的必备环节，在研究生成长成才中发挥着基础性作用。《关于改进和加强研究生课程建设的意见》的出台意味着研究生教育政策从宏观领域拓展到微观领域，课程建设将成为未来一段时期内我国研究生教育改革与发展的一个重要抓手，成为研究生教育质量保证的一个有效举措。重视课程学习，加强课程建设，提高课程质量，是当前研究生教育改革的重点任务，更是当前提高研究生教育质量的基本途径。

2. 学位授权点评估

2014 年 1 月 8 日，国务院学位委员会决定在上海市、江苏省、安徽省和广东省开展博士、硕士学位授权学科和专业学位授权类别动态调整的试点工作。2014 年 6 月 26 日，国务院学位委员会、教育部印发《关于开展学位授权点合格评估工作的通知》，决定于 2014—2019 年开展学位授权点合格评估工作。评估工作分为学位授予单位自我评估和教育行政部门随机抽评两个阶段，国务院学位委员会根据学位授权点合格评估结果，分别做出继续授权、限期整改或撤销学位授权的处理决定。教育部 2016 年 3 月 25 日下发《国务院学位委员会关于下达 2014 年学位授权点专项评估结果及处理意见的通知》，公布了2014年学位授权点专项评估结果和学位授予单位主动提出放弃授权的学位授权点名单。社会舆论对这一次动真格的专项评估予以了充分肯定，感叹“研究生教育的供给侧改革来了”①，可谓是教育管理部门对研究生教育的一次刮骨疗伤，有助于倒逼研究生培养单位扭转追求扩招数量、忽视提高质量的错误认识和做法，树立正确的办学理念和发展模式，真正把工作重点放在提高质量上。

2014年学位授权点专项评估，研究生教育的供给侧改革来了

评估是促进研究生培养单位树立质量意识，切实得力措施提升教育质量的一个有效举措。湖南省以5年为一周期，对全省具有博士、硕士学位授予权的高等学校进行研究生培养过程质量评估②。研究生培养过程质量评估形成了一套规范的工作程序，建立了科学的评价指标体系，重点考察培养过程的完整性、合理性、规范性及其执行情况、执行效果。研究生培养过程质量评估按照“评估一所学校，研究一所学校，发现一所学校，推介一所学校，提升一所学校”的原则来展开，不但获得了研究生培养单位的高度认同，而且通过评估摸清了质量保障总体情况，强化了质量保障责任意识，督促培养单位将培养过程管理与质量保障作为研究生教育管理的重点来抓，及时根据研究生培养类型、人才需求规格的发展变化调整、优化培养过程，全面提高研究生培养质量。

立足于提高研究生教育质量的学位授权点合格评估将对研究生教育产生深刻影响。其一，开展周期性和常态化的认证和评估，有助于打破学位授权点的终身制③，增强学位授权点适应社会需求的主动性和能力。其二，学位授权点评估由政府主导变成多方参与，管办评分离成为现实，将保证学位授权点合格评估能够更充分地反映社会各方面的诉求，且有助于学位授予单位对本单位学位授权点的全

① 晋浩天．研究生教育的供给侧改革来了［N］．光明日报，2016-04-07（5）．

② 湖南开展研究生培养过程质量评估 切实促进研究生培养质量全面提高．［EB/OL］．［2013-02-07］．http://www.moe.edu.cn/publicfiles/business/htmlfiles/moe/moe_1750/201302/147557.html.

③ 阎光才．学位授权点合格评估改了什么？［EB/OL］．［2015-03-18］．http://news.gmw.cn/2014-03/25/content_10789357.htm.

面检查，着眼于发现问题，办出特色，持续提升研究生教育质量，这就体现出了质量管理的持续改进思想。其三，人才培养代替其他方面成为学位授权点合格评估的关键指标，以人才培养为中心的评估理念的树立将引导我国研究生教育真正走向以研究生成长成才为核心的质量发展之路。

3. 研究生创新实践活动

研究生创新实践是提升研究生教育质量的有效抓手，研究生培养单位积极建设研究生创新实践平台，推动研究生开展各种创新实践活动。教育部学位与研究生教育发展中心自 2013 年起面向全国在校研究生开展“全国研究生创新实践系列活动”，旨在以研究生培养机制改革为契机，以行业需求为导向，以提升研究生创新实践能力为核心，以提高研究生培养质量为目标，打造校企合作创新平台，营造研究生创新良好氛围，促进我国研究生教育发展水平与服务支撑能力的全面提升。该活动根据学科、专业或行业的发展趋势和经济社会对人才培养的需求，设置相互独立的主题赛事，比如全国研究生智慧城市技术与创意设计大赛、全国研究生移动终端应用设计创新大赛、全国研究生数学建模竞赛、中国研究生电子设计竞赛等。该活动不仅吸引了一批行业机构、企业直接合作，得到了有关地方政府的大力支持，在政产学研用相结合方面迈出了重要一步，在提高研究生培养质量、营造研究生创新良好氛围和激发研究生创业意识等方面发挥了积极的作用。

4. 研究生教育质量定期年度报告

《教育部 2012 年工作要点》提出“建立研究生教育质量定期分析制度”。2013 年下半年，上海大学①、同济大学②、华东师范大学③等沪上高校先后发布了本校学位与研究生教育质量年度报告。上海市、福建省等省、直辖市学位与研究生教育管理部门纷纷推动建立省级层面研究生教育质量年度报告发布制度，将建立质量报告发布制度作为研究生培养单位增强质量意识和提高质量的有效途径、

① 上海大学. 2012 —2013 年度上海大学学位与研究生教育质量报告.http://yjsb.shu.edu.cn/NewsManage/UploadFile/201309/2013101616838536.pdf.

② 同济大学 . 专业精英 社会栋梁——同济大学 2012 年研究生教育质量报告 . http://news.tongji.edu.cn/themes/1/userfiles/download/2013/12/23/1ntb1ylwnsnh721.pdf.

③ 华东师范大学.华东师范大学学位与研究生教育质量报告(2012 —2013 学年).http://news.ecnu.edu.cn/s/192/t/342/69/46/info92486.htm.

回应社会问责和信息公开的有效措施。国务院学位委员会办公室委托教育部学位与研究生教育发展中心建立了全国学位与研究生教育质量信息平台建设，作为面向学位与研究生教育战线发布质量信息、提供信息服务和业务支撑、进行质量监督公示的全国统一综合性信息平台。

研究生培养单位发布研究生教育质量报告是对提高质量和内涵发展的积极回应

研究生培养单位发布本单位学位与研究生教育质量报告是对提高质量和内涵发展的积极回应。培养单位定期发布质量年度报告，有助于建立质量常态监测机制和质量管理常态化工作机制，及时发现研究生教育中存在的突出问题，提出解决的方案和措施，进而持续改进教育质量；有助于增强培养单位、授权学科、研究生导师和研究生的质量意识和质量责任，健全完善质量保障监督体系；有助于及时回应社会各界对研究生教育质量信息的诉求，向社会介绍办学特色、宣传办学理念、展示办学成果，赢得社会各界的广泛参与和大力支持。发布研究生教育质量报告的目的不在报告本身，而在促进研究生教育质量的持续改进。质量保障的关键不是定期发布质量报告，更为根本的是要按照质量报告所要反映的主要内容，建立起学校内部研究生培养过程与培养质量的监督机制与改进机制，定期对整个研究生教育质量保障体系进行反思与完善，有计划、有针对性地持续改进教育过程及其质量。

（四）政策引导：提高研究生教育质量的导航仪

1. 召开首次全国研究生教育质量工作会议

全国研究生教育质量工作会议暨国务院学位委员会第三十一次会议于 2014 年 11 月 5 日在北京召开。国务院副总理刘延东在讲话中指出，研究生教育综合改革已全面启动，要从全局和战略的高度，抓住机遇，突出重点，多措并举，牢牢扭住质量核心不动摇，进一步深化改革，推进依法治教，使研究生教育质量有一个大的提高。刘延东提出了全面提高研究生教育质量的战略部署：牢固树立科学的研究生教育质量观；加快推进研究生培养模式改革；大力加强导师队伍建设；建立健全内部质量保障体系；切实强化外部质量评价与监督；扎实推进研究生教育法治化进程；提高研究生教育国际化水平。这次会议是自 1978 年恢复研究生教育以来，首次以质量为主题召开的全国性研究生教育工作会议；是继 2013 年 7 月 10 日全国研究生教育工作视频会议之后召开的又一次研究生教育改革与发展工作会议；是落实中共十八届三中和四中全会精神、习近平总书记系列重要讲话精神和国务院决策部署的重要会议。首次全国研究生教育质量工作会议站在新时期发展战略的高度，全面谋划教育内涵发展，对推进研究生教育内涵发展意义深远，有助于进一步认识到研究生教育战略地位空前重要，科学质量观是提高质量的基本遵循，质量保障体系和质量文化建设并重，深化综合改革是提高质量的根本途径，提高法治化水平是提高质量的重要保障①。

2. 全国学位与研究生教育改革和发展工作座谈会

2012 年 6 月 12 日召开了全国学位与研究生教育改革和发展工作座谈会，座谈会交流学习了各地区研究生教育机制改革的思路和成功经验，分组讨论了《关于深化机制改革提高研究生教育质量的意见》（征求意见稿），收集了具有建设性的意见和建议。在此之前，国务院学位委员会办公室在部分省和高等学校进行了多次调研和座谈，收集真实情况，了解具体问题，听取意见建议。一系列座谈会的召开，进一步推动了政府主管部门和研究生培养单位提高对研究生教育的认识，增强了推动研究生教育改革与发展尤其是培养机制改革的紧迫性和创造力，增强了全面提升研究生教育质量的使命感和自觉性。

（五）质量文化：提高研究生教育质量的催化剂

1. 学术规范与学术道德教育

学术规范与学术道德教育构成研究生教育质量保障的重要组成部分。中国科协、教育部 2011 年 9 月 23 日联合下发《关于开展科学道德和学风建设宣讲教育的通知》②，决定从2011年起，每年都对新入学的研究生开展科学道德与学风建设

---

① 聚焦质量　谋划改革　推动内涵发展——全国研究生教育质量工作会议暨国务院学位委员会第三十一次会议综述［J］. 学位与研究生教育，2015（1）：24—25.

② 中国科协，教育部. 关于开展科学道德和学风建设宣讲教育活动的通知［EB/OL］.［2011-09-23］. http://www.moe.edu.cn/publicfiles/business/htmlfiles/moe/A22/index.html.

宣讲教育。科学道德和学风建设宣讲教育得到了社会各界的充分肯定和好评，该事件入选由中国科协等单位评选的"2011 全国十大科普事件"。《关于做好 2012 年科学道德和学风建设宣讲教育有关工作的通知》（科协发组字〔2012〕16 号）再次提出，要开展好集中宣讲教育，各省市区要在 9 月份研究生新生入学后举办一场以上集中宣讲报告会。研究生培养单位通过各种形式广泛开展科学道德和学风建设教育。复旦大学以"全覆盖、制度化、重实效"为根本要求，以集中宣讲与多种形式主题教育相结合为工作思路，将教育活动融入到研究生培养的全过程，努力构建长效机制①。上海交通大学整合校内资源，加强协同投入，以"五个一"构建研究生学术道德教育工作新局面②，即开设第一堂课、推出一个学分、打造一个品牌、依托一个基地、树立一批典型。南开大学研究生科研道德和学风建设自律促进委员会主动承担起"相互勉励，彼此监督，弘扬科学精神，维护学术诚信，倡导良好学术风气"的职责，征集形成以"诚信、勤奋、博学、严谨、创新、为公"为核心内容的《研究生科学道德与学风建设自律公约》③。

科学道德和学风建设宣讲教育得到了社会各界的充分肯定和好评

2014年设立"中国学位与研究生教育学会研究生教育成果奖"

2. 设立中国学位与研究生教育学会研究生教育成果奖

中国学位与研究生教育学会于 2014 年设立"中国学位与研究生教育学会研究生教育成果奖"，以奖励在研究生教育的理论研究与教育教学实践工作中开拓

① 复旦大学探索建立研究生科学道德和学风建设长效化机制 .[EB/OL].[2013-02-01].http://www.moe.gov.cn/publicfiles/business/htmlfiles/moe/s164/201302/147412.html.

② 上海交通大学"五个一"推进研究生学术道德教育 .[EB/OL].[2012-06-07].http://www.moe.gov.cn/publicfiles/business/htmlfiles/moe/s166/201206/137372.html.

③ 南开大学多举措全方位调动研究生参与学风建设的积极性和主动性 .[EB/OL].[2012-08-30].http://www.moe.gov.cn/publicfiles/business/htmlfiles/moe/s156/201208/141279.html.

创新、做出突出贡献、取得显著成效的集体和个人。“中国学位与研究生教育学会研究生教育成果奖”设立和评选有助于营造创新实践、科学探索的良好氛围，进一步激励广大研究生培养单位和教育工作者献身研究生教育事业，大胆探索研究生教育理论，勇于推进研究生教育改革，促进研究生教育质量提升和内涵发展。

3. 发布《中国研究生教育质量年度报告》和研究生满意度调查结果

研究生教育质量报告编研组从 2012 年起连续发布《中国研究生教育质量年度报告》，全面展现我国研究生教育质量年度状况，既有中国研究生教育质量年度基本状况的分析判断，又有中国研究生教育发展及其质量的国际评价，还有对研究生教育质量年度热点、省级层面研究生教育竞争力的跟踪分析。配合《中国研究生教育质量年度报告》开展的研究生教育满意度调查，采取分层抽样的方法，面向不同类型的研究生培养单位的在读研究生进行满意度调查，整个调查包括总体满意度调查以及研究生对课程教学的满意读、科研训练的满意度、导师指导的满意度、培养单位管理服务的满意度 5 个方面。《中国研究生教育质量年度报告》和研究生满意度调查的发布对于推动研究生培养单位树立质量意识、加强质量常态监测、持续改进质量发挥着积极作用。

《中国研究生教育质量年度报告》对于推动研究生培养单位改进质量发挥着积极作用

二、“十二五”期间中国研究生教育质量的评价

“十二五”期间，我国学位与研究生教育改革发展成绩显著，研究生教育支撑经济社会发展的作用更加突出，在培养高端人才、推动科技创新、服务创新驱动战略、建设人力资源强国等方面发挥了重要作用，研究生教育的国际影响不断提升。

（一）需求适应度：社会需求的适应性明显增强，引领能力尚待加强

其一，研究生教育结构的调整，尤其是全日制硕士专业学位研究生教育规模

的快速发展，整体提升了研究生教育对于社会需求的适应性。

科学的定位、合理的结构是提高研究生培养质量的重要保证。如何适应世界科技发展趋势和国家、区域经济社会发展的要求，是研究生教育改革发展的基本出发点。积极发展专业学位研究生教育，体现出新的知识经济时代要求大学与业界实现更紧密的联系，培养出更多具有系统知识、专业技能和复合能力的高素质人才，提高研究生教育服务经济社会的能力和活力，在我国也日渐成为社会的共识和期待①。"十二五"是专业学位研究生教育快速发展的5年，截至2015年，已经设立了硕士专业学位40种，博士专业学位增加到6种，形成类型丰富、结构合理的专业学位授权体系。2015年，专业学位研究生招生数超过26万名，占招生总规模的比例已经达到40%；在校专业学位研究生约67万名，占在校研究生数的比例超过1/3（表1–1）。面向行业发展和职业发展需求的专业学位研究生教育的快速发展，推动了研究生教育结构的调整以及研究生培养目标的优化，满足了各行各业对应用型人才的需求，实现了整体提升研究生教育社会适应性的目标。

"十二五"设立了硕士专业学位40种，博士专业学位6种

表1–1　2009—2015年专业学位研究生规模增长情况

年份	招生数			在校生数		
	合计/人	专业学位/人	专业学位占比/%	合计/人	专业学位/人	专业学位占比/%
2009	510953	72239	14.1	1404942	128325	9.1
2010	538177	119299	22.2	1538416	221664	14.4
2011	560168	159942	28.6	1645845	338042	20.5
2012	589673	198883	33.7	1719818	449674	26.1
2013	611381	228578	37.4	1793953	546386	30.5

① 马德秀．研究生教育要更加注重适应需求［N］．中国青年报，2012–03–14.

续表

年份	招生数			在校生数		
	合计/人	专业学位/人	专业学位占比/%	合计/人	专业学位/人	专业学位占比/%
2014	621323	240762	38.7	1847689	612854	33.2
2015	645055	263642	40.9	1911406	673000	35.2

其二，全日制硕士专业学位研究生的社会认同度明显改观，媒体评论和社会舆论从普遍的怀疑逐步转为广泛的认同。

自 2009 年增加以招收应届本科毕业生为主的全日制专业学位硕士研究生教育规模以来，专业学位研究生教育质量问题受到高度关注。2011 年是专业学位研究生教育高歌猛进的一年，专业学位硕士研究生招生规模占硕士总招生规模的比例从 2009 年的 7% 快速增长到 30%；2011 年是大规模扩招的全日制硕士专业学位研究生首届毕业生走向社会的第一年。《人民日报》《光明日报》《中国青年报》等权威性纸质媒体对专业学位硕士研究生教育的改革与发展进行大量报道，诸如《部分专业硕士“换汤不换药”》《专业硕士被指“上不着天 下不着地”》《专业硕士如何立稳市场被认可　专业硕士够专业吗？》《专业学位研究生：摆脱“山寨”之名　擎起半壁江山》等新闻报道引起了很大的反响。社会舆论从多个方面对专业学位研究生培养予以质疑，包括其培养模式是否能够真正做到“专业化”，制度设计和传统观念造成的“身份认同尴尬”能否尽快改观[①]，专业学位的含金量是否真正达到研究生水平，等等。随着全日制硕士专业学位研究生进入就业市场，以及整个研究生教育结构调整逐步到位，全日制硕士专业学位的社会认同度逐渐增强，社会舆论从早期的普遍质疑转向广泛的认可，诸如“专业硕士的确是一只潜力股，要以一个公平公正的心态来看待专业硕士”“专业硕士成长空间巨大，倾向于毕业后马上就业的考生逐渐开始青睐专业型硕士”等积极评价的观点成为新闻报道的主流观点。

其三，研究生教育对于社会需求和社会发展的引领能力有所增强，但与国家

① 牛国卫，张红．专业学位的特性与专业学位研究生质量的提升［J］．研究生教育研究，2011（4）：81—85.

新的战略相比还有很大的差距。

有人认为中国研究生群体已经泛滥成灾，研究生“大饼”越摊越大，不仅加剧就业矛盾，还造成了高等教育资源浪费。研究生虽然学历层次高，但是由于目前研究生专业设置与市场需求之间存在结构性失衡的矛盾，导致研究生没有从事与其学历、专业相适应的工作。因此，亟需改良高等教育生态，主动适应社会需要，研究生教育应由追求数量向注重质量华丽转身。如果不下力气提高研究生教育质量，调整学科、产业结构，一味扩招研究生应对就业难，缓冲以后可能造成更大的就业矛盾与社会问题[①]。与所暴露出来的其他问题相比，最大的危机是整个研究生教育似乎正在失去社会的高度认同，其后果之一就是优质生源的不足。2011 年以来，硕士研究生报考人数与录取人数之比一直在 3.5:1 之下，缺乏足够的优质生源已经普遍引起研究生培养单位的担忧，而这一趋势似乎愈演愈烈。2015 年全国硕士研究生招生考试报名人数为 164.9 万人，较 2014 年减少 6.5 万人，继 2014 年考研报名人数下跌后再次明显下降，甚至出现多个省份硕士研究生招生未完成计划的情况。从未来发展态势来看，硕士研究生招生报名人数下降、招生规模上升的“剪刀差”会愈发明显。

未来看硕士研究生招生报名人数下降、招生规模上升的“剪刀差”会愈发明显

（二）学术贡献率：科技创新的贡献力表现强劲，原创能力存在差距

其一，在校研究生已经成为我国高水平学术论文的重要主力军。

研究处是支撑创新性国家建设的重要群体，是科技创新活动、学术创新团队的重要组成力量。国家自然科学基金资助项目作为国家层面的高水平科研项目，每年都有一大批优秀研究生积极参与。2011 年以来，国家自然科学基金面上项目和重点项目参与人员构成中，研究生所占均在 50% 以上，且逐年增长；参与国家自然科学基金面上项目的研究生占在校研究生比例接近 6%，博士研究生参

① 赵斌.美国也在反思如何重构研究生教育体系.［EB/OL］.［2015-07-30］.http://m.sohu.com/n/417868936/.

与人次占在校博士生的比例维持在10%左右，如果只以理学、工学、农学和医学4个学科门类的在校研究生来计算该比例要更高一些（表1-2）。

表1-2 研究生参与国家自然科学基金项目的人次及比例

项目类型	年份	研究生			博士研究生	
		参与人次	参与人次占总参与人次之比/%	参与人次占在校研究生之比/%	参与人次占总参与人次之比/%	参与人次占在校博士研究生之比/%
面上项目	2011	63652	50.47	4.87	22.52	10.47
	2012	71812	50.87	5.65	22.53	11.20
	2013	69437	51.13	5.57	22.79	10.38
	2014	64777	51.64	5.25	23.29	9.34
	2015	73681	53.42	5.95	23.14	9.77
重点项目	2011	3788	49.27	0.29	28.82	0.82
	2012	4232	51.04	0.33	28.78	0.84
	2013	4047	50.25	0.32	29.17	0.79
	2014	4474	51.78	0.36	29.48	0.81
	2015	4971	53.81	0.40	30.33	0.86

在2012—2014年发表的800多篇国际高水平热点论文中第一作者为我国在校研究生的有314篇

高校研究生规模的增长更使得研究生越来越成为高校科学研究的一支重要力量，在我国许多研究型大学研究生对于学校学术论文和专利的贡献率都超过了50%[①]。相关研究显示[②]，在2012—2014年发表的800多篇国际高水平热点论文中，第一作者单位为中国机构的有519篇，其中第一作者为我国在校研究生的有314篇；统计显示，与我国相关的国际高水平论文中，在校研究生参与率高达

① 唐玉光．研究生教育要有“质”有“量”［N］．光明日报，2016-01-09.

② 袁本涛，王传毅，胡轩，等．我国在校研究生对国际高水平学术论文发表的贡献有多大？——基于ESI热点论文的实证分析（2011—2012）［J］．学位与研究生教育，2014（02）57-61；袁本涛，王传毅，吴青．我国在校研究生的学术贡献有多大？［J］．高等工程教育研究，2015（01）154-160.

72%，贡献率更是达到近 34%，研究生在我国国际高水平论文中贡献率相当高。随机抽取的 2012 年《中国学术期刊评价报告（2013—2014）》中权威期刊所刊载的 12347 篇论文，研究生以第一作者身份发表的论文有 5048 篇，占样本总数的 40.9%，统计显示，每一篇国内高水平学术论文中有 32.31% 的贡献可归功于我国在校研究生。这一系列调查统计研究表明，在校研究生已经成为我国高水平学术论文的重要主力军。

其二，在校研究生尤其是博士生的原始创新能力与国际高水平研究生教育还存在较大的差距。

我国研究生的创新能力培养亟须加强，博士学位论文选题的前沿性、创新性不足，缺乏时代性和国际视野，博士生在开辟新研究领域、运用新视角新方法、提出独创性见解等原始创新方面存在明显不足。

造成中国研究生尤其是博士生原始创新能力差距的原因很多，一是缘于指导教师的指导能力、精力投入和指导方式。拥有一批高水平的指导教师是保证研究生培养单位研究生教育质量全面提高的前提，与研究生指导教师数量相对较少这一“量”的问题相比，当前指导教师学术水平、职业道德、指导能力等“质”的问题更加根本。导师或是缺乏研究指导方面的能力，或是重在“用”研究生而很少花心思“培养”研究生，一些导师则因为带的研究生实在过多而无力指导每个研究生，以致学生呈“放养”状态①。相当一部分导师和研究生并没有真正理解其本质内涵和内在要求，大部分人的心态是喜欢“种水稻”而不是“养奶牛”②，一些研究生缺乏针对某一问题深入、细致、持久地做大量研究工作的毅力。与国际通行做法相比，我国研究生指导教师对于研究生包括博士研究生的习惯做法是“牵着做”，而很少“放手”，较少鼓励和引导研究生根据自身兴趣，自主选择研究方向、研究领域，自主提出新问题、解决问题的思路。二是部分培养单位或者学科其研究生培养与本科生培养没有拉开差距，只是对知识的广度和深度进行一定程度的拓展，而缺乏对独立思考能力、创新能力培养的系统设计。我国研究生

① 王聃．研究生低就业 须重塑理性教育模式．[N/OL]．[2012-07-17].http://cq.cqnews.net/shxw/2012-07/17/content_17651236.htm.

② 戴甲培．研究生：走出“浮躁”的怪圈．[N/OL]．[2012-04-18]．http://cjmp.cnhan.com/whcb/html/2012-04/18/content_4991708.htm.

教育课程设置缺乏系统性，数量众多的课程无助于研究生聚焦于某个研究领域或发展方向，因此，即便已经开始跟随导师进行科学研究，但所依靠的主要还是本科阶段学习的理论积累，影响研究生的学业表现和长远发展[①]。三是研究生培养缺乏问题意识。研究生质量提升必须直面问题，有人通过“问题驱动型”调查，发现研究生培养质量存在四大问题，即缺乏远大的理想和人生目标、缺乏从事科学研究的热情、缺乏科学论文写作的训练、缺乏必要的时间和精力投入，提出研究生教育要着力培养研究生发现问题的能力、选择课题的能力、交流与写作的能力、团队组织和协作的能力[②]。四是严格的学术要求的退让。有媒体以我国硕士研究生整体淘汰率不到 5%，而美国等教育发达国家该比例高达 30% 左右为据，质疑我国的研究生培养模式和质量。固然简单用淘汰率来评判中外研究生教育并不科学，把淘汰率高低与研究生教育质量强行挂钩不但无益于研究生教育的健康发展，而且容易误导公众[③]。即便如此，缺乏严格的淘汰机制已经成为我国研究生教育提高质量的制度障碍。针对师生矛盾引发的种种问题，比如导师的“严格”使研究生轻生等问题的讨论与反思，一个基本的态度是坚持学术标准。如果学术或者科研失去了标准，丧失了底线，这将是国家的灾难。因此，放弃学术标准是一条不能走且走不通的路，解决此类问题须从研究生培养机制改革着手。

其三，研究生学术规范和学术道德教育任重道远。

《中国青年报》社会调查中心通过民意中国网和新浪网对 2375 人进行的一项调查显示，受访者中 85.9% 的直言当前学位论文作假问题严重。中国教育网关于“学术不端”行为的调查报告显示，70% 的调查者认为导师指导研究生的数量会影响学生的学术不端行为[④]。有媒体评论，受教育的过程本就是获取知识、涵养精神，研究生教育更应如此，别让一起更比一起“牛”的论文抄袭行为亵渎知识的纯净、教育的神圣，消解社会对“研究生”群体的认同感[⑤]。

① 高金萍 . 研究生教育质量“再思量”[J] . 北京教育：高教版，2015（3）：6.

② 钟扬 . 研究生培养质量提升的解决之道 . 文汇报，2015-11-20.

③ 杨国营 . 淘汰率这把尺子测不了研究生教育 . 中国教育报，2015-01-22（2）.

④ 中国教育网关于“学术不端”行为的调查报告，http://www.edu.cn/html/e/xsbd/.

⑤ 研究生教育：别让学历捆绑了道德 .[EB/OL].[2012-09-24]. http://edu.sina.com.cn/kaoyan/2012-09-24/1827356755.shtml.

目前，不时出现的各种研究生学术不端行为严重危害研究生教育质量的保证与提高。针对研究生学位不端行为，研究生培养单位普遍启用了“学位论文学术不端行为检测”，这一技术手段取得了一些效果，但是，随着这一检测系统的引入，一些研究生将注意力从研究水平的提升、论文质量的提高转向花费大量时间从论文行文、引文规范等技术层面上规避系统的检测。因此，借助这种软件或技术手段，防范学术不端的效率会更高一些，但是，最重要的解决办法是应该提高社会的道德水平和基本法律底线[①]。要想真正从本质上解决这个问题，就要回归到学术道德规范教育上来，回归到良好的学风建设上来，回归到学术创新氛围营造上来，回归到学术兴趣和学术本身上来。

（三）学生满意度：培养过程的总体满意率保持较高水平，各个方面参差不齐

其一，本课题组完成的连续 5 年研究生满意度调查显示，研究生总体满意度保持在较高水平，总体上呈上升趋势。

本课题组自 2012 年起连续进行研究生满意度调查，调查内容主要包括研究生的总体满意度、研究生对课程教学的满意读、研究生对科研训练的满意度、研究生对导师指导的满意度、研究生对培养单位管理服务的满意度等方面。本调查采取分层抽样方法，2016 年共调查了 139 个研究生培养单位，约占同期研究生培养单位总数的 17%，其中“985 工程”高校 36 所，“211 工程”高校 38 所，其他高校 65 所，科研院所 2 所；共回收纸质版有效问卷 16426 份、微信版有效问卷 22086 份、邮件版有效问卷 1203 份。

2012 年、2013 年、2014 年、2015 年、2016 年连续 5 次调查显示，研究生总体满意率均在 60% 以上，而且总体上呈逐年上升趋势；总体不满意率均在 8% 以下，而且总体上呈逐年下降趋势（“满意率”为选择“非常满意”和“比较满意”的研究生数量之和与受调查研究生总数的比例，“不满意率”为选择“不太满意”和“非常不满意”的研究生数量之和与受调查研究生总数的比例）。2012—2016 年研究生总体满意度具体情况见表 1–3。

① 众多高校启用学术不端行为检测系统　先测谎再毕业 .［EB/OL］.［2011–04–01］. http://china.cnr.cn/gdgg/201104/t20110401_507853289.html.

表1-3　2012—2016年研究生总体满意度

年份	非常满意/%	比较满意/%	一般/%	不太满意/%	非常不满意/%
2012	18.6	44.5	29.0	6.0	1.9
2013	22.4	45.2	27.2	4.3	0.9
2014	22.9	43.5	28.2	4.5	0.9
2015	26.4	45.3	23.9	3.8	0.7
2016	28.3	42.4	23.0	4.7	1.6

调查显示，①从课程教学、科研训练、导师指导和管理服务4个分项满意度调查来看，导师指导的满意度最高，管理服务的满意度最低；②与总体满意度逐年上升趋势相一致，4个分项满意度也总体上呈逐年上升趋势。2012—2016年研究生满意度调查分项统计情况见表1-4。

表1-4　2012—2016年研究生满意度调查分项统计

年份	课程教学		科研训练		导师指导		管理服务	
	满意/%	不满意/%	满意/%	不满意/%	满意/%	不满意/%	满意/%	不满意/%
2012	67.0	7.1	66.0	7.0	78.6	4.5	61.2	11
2013	75.7	3.8	69.9	5.8	86.2	2.4	68.8	5.4
2014	74.7	4.0	71.0	4.8	85.7	2.1	68.0	5.5
2015	78.6	3.3	74.7	4.1	87.0	2.0	72.0	4.8
2016	70.6	7.2	70.0	7.1	83.9	4.5	69.2	7.6

其二，在校研究生对于研究生教育过程的某些方面的质量持有比较大的意见。

课程教学还存在薄弱环节。调查显示，课程教学方面的不足是导致研究生教育质量问题的主要原因。一项调查研究显示，在课程方案设计、课程设置、课堂氛围以及学生课后专业文献阅读等方面，师生反馈尽管存在一定差异，但各自的满意程度都不高。特别是在课程设置方面，认为各个学段间课程存在低水平重复的比例将近 50%，对于普遍开设外语公共课的认可也仅仅达到“一般”水平。在教学方法上，问题更为突出。调查表明，研究生相对偏好课堂讲授与讨论相结合方式，对单纯讲授予以认可的比例仅为 8%。但是，在现实中，认为目前课程主要采用讲授方式的比例近 60%①。课程设计应该遵循少而精的原则，但是我国研究生培养方案中课程设计极不合理，突出表现为课程太多、课程安排太密集，研究生又缺乏阅读学术文献、准备课程讨论的主动性，导致课程教学效果并不理想②。

导师指导环节亟待加强。国外导师指导频次为每周 1 次的比例达到 75%，而我国研究生认为导师指导频次每月 3 次以下的比例近 50%，而且越是年富力强的中年教师指导频次越低。科研负担重、行政事务甚至与学术毫无关联的琐碎事务过多是导致导师精力分散的重要原因。导师指导投入不足会影响研究生的质量，涉及导致研究生延期毕业，降低研究生学习的满意度，默许研究生学术不规范行为，等等①。

基本制度执行力略显不足。2011 年针对 800 多名硕博连读生的调查也显示，不同程度认可中期考核为学习带来很大压力的比例仅占 36.5%。相对于国外较为严格的中期遴选与淘汰分流制度，我国研究生教育也多少带有与本科教育相似的严进宽出特征。重规范制定但轻于抓落实、高举轻放的姿态难免使部分师生产生懈怠心理①。

（四）就业的水平：毕业研究生的就业总体良好，就业态势与研究生的预期存在较大的落差

1. 毕业研究生的就业状况总体上良好，就业质量要高于本科生

腾讯教育—麦可思 2015 届应届大学生毕业流向月度调查显示，无论是北京、上海、广州和深圳，还是其他直辖市、副省级城市，以及其他地级城市及以下，2015 年毕业生首年正式工作平均薪资，硕士始终高于本科、高职高专，即便是其他地级城市及以下城市就业的硕士的平均薪资也要高于在北京、上海、广

① 阎光才．研究生教育质量提升面临“内部”困局［N］．光明日报，2015-01-06（14）.

② 李文倩．我所期待的研究生教育［J］．中国研究生，2010（10）：49-51.

州和深圳等发达地区就业的本科、高职高专毕业生。

教育部 76 所直属高校发布了 2014 年、2015 年应届毕业生就业质量年度报告，2015 年有 54 所直属高校提供了硕士就业率数据，其中硕士就业率超过 95% 的有 44 所，低于 90% 的有 3 所；53 所直属高校提供了博士就业率数据，其中博士就业率超过 95% 的有 41 所；37 所直属高校提供了研究生总体就业率数据，其中研究生总体就业率超过 95% 的有 28 所。

2. 毕业研究生的就业岗位存在低技术化趋势

2012 年 7 月 16 日，中央人民广播电台的《新闻晚高峰》报道硕士生就业率连续下降，2009 年和 2010 年硕士生的就业率甚至不及本科生。这条颇为吸引眼球的消息随后广泛传播，全国各地的报纸和网络开始转载，标题也变成《硕士就业率连续 3 年低于本科生》。随即，诸如“研究生就业不如本科生，本科生就业不如专科生”“研究生就业率降低，本科生望而却步，不敢报考”等相关报道和评论纷至沓来，研究生个体就业典型负面事件的报道也时见报端。与就业机会缺乏相随的是就业岗位低技术化，研究生从事城管、环卫工人等低学历水平职业屡见报道，就从一个侧面反映了这一现实。问题的症结并不在于研究生毕业后是否到这些岗位去就业，而是毕业研究生是否做好了到这些岗位就业的准备，是否具有胜任这些岗位的技能素质，是否能够在这些岗位做出更好的成绩。学位和职业资格制度意味着如果将来想从事某种职业首先必须接受特定的教育训练，也即学位具有构造个人升学和就业轨迹的功能[①]，但是，研究生学位的“含金量”在下降，其对于职业岗位的预示功能在减弱，研究生学位、研究生的形象正在发生巨大的变化。这一方面要归结于研究生教育规模的快速扩张，另一方面要归咎于研究生教育质量和研究生教育的社会适应性。

3. 研究生的学位贬值已经成为一个普遍问题

研究生毕业后以博士或者硕士身份求职时，用人单位不仅要看其从哪个培养单位获得博士学位或硕士学位，而且还要看其硕士、本科是从哪个学校毕业的。这种“学历查三代”的做法，实质上是社会对中国当下研究生教育投出的不信任票[②]，其背后是所谓“一流的本科、二流的硕士、三流的博士”的教育质

① 金子元久 . 高等教育的社会经济学［M］. 北京：北京大学出版社，2007：193.

②“学历查三代”对研究生教育投出不信任票［N］. 中国青年报，2013-05-15.

量"倒金字塔"现象[①]。显然，这种不信任将直接危及研究生教育的可持续发展。香港特别行政区《信报》2012年发表了香港资深媒体人阮纪宏题为《研究生学位贬值但不能不读》的文章。这篇文章写到，什么都升值，唯独学位在贬值。虽然每年研究生毕业都面临找不到理想的工作和工资水准的一个困境，但是既然是大势所趋，有能力的学生只能对贬值的学位继续趋之若鹜。硕士甚至博士学位贬值的现象也不是中国独有，全球都是一样[②]。问题是，我国研究生学位的贬值的表现有所不同，不仅体现在研究生就业难这一方面，而且体现在研究生素质能力满足不了社会需求这一方面，后者更为严重。将当前的研究生学位急剧贬值，一味地归咎于社会就业岗位的减少是不对的，一味地归咎于研究生素质能力不尽人意也是不对的。我国研究生学位贬值问题的解决，既要从提高研究生教育学科结构与社会需求之间的匹配性、更好地促进研究生就业这一维度着手；又要从改革培养机制、创新研究生培养模式、提高研究生教育质量这一维度着手。未来要从3个方面着手来改善研究生就业状态，一是研究生教育质量的提高；二是用人单位工作岗位技术含量的提升；三是研究生培养和社会需求之间的有机匹配。

（五）国际的评价：中国研究生教育质量受到国际关注，教育规模扩张被质疑[③]

1. 中国研究生教育的发展得到了国际的普遍认同

经济合作与发展组织（Organization for Economic Co-operation and Development，OECD）发布的《2013教育概览》（*Education at a Glance*）显示，2000年在OECD国家中，仅有平均0.1%的人口学历为博士，2011年该数据已上升至1.6%；中国的研究生教育人口比例10年间增幅达2.2%，这一数据高出OECD国家的平均增幅。

中国在全球高等教育中扮演着举足轻重的角色，对海外学生的吸引力不

---

① 学历查三代：真需要还是没必要［EB/OL］.［2012-12-17］.http://www.youth.cn.

② 资深媒体人阮纪宏：研究生学位贬值但不能不读，［EB/OL］.［2012-10-18］. http://phtv.ifeng.com/program/zbjsj/detail_2012_10/18/18347756_0.shtml.

③ 这一部分的文献主要来自中国学位与研究生教育学会主办、上海交通大学高等教育研究原研究生教育研究中心承办的《国外研究生教育动态》（第10期—第65期）.

断提高，2014 年超过 200 个国家近 38 万名国际学生赴中国高校学习，中国近 600 所大学同国外合作设立了 1100 余个涵盖学士、硕士、博士阶段的联合学位项目①。从 2014 年 8 月份开始，美国在读研究生可以在“孔子新汉学计划”（Confucius China Studies Program）的中外博士生联合培养计划下，向国际教育协会（International Institute of Education，IIE）申请资助，前往中方指定的 15 所大学中的一所大学展开博士研究工作。国际教育协会的主席兼首席执行官艾伦·古德曼（Allan Goodman）表示，“我们很高兴能够与汉办合作，该计划为美国学生提供了非常好地到中国学习与生活的机会，使他们更加深入地了解中国文化的魅力”②。随着“一带一路”政策的出台和“留学中国”计划（Study in China Plan）的实行，中国同世界各国合作的广度和深度必将进一步发展。

随着中国经济的发展和研究生教育质量的提升，“十二五”期间来华留学生的规模、层次、结构都发生了显著变化，来华攻读硕士、博士学位的留学生规模及其所占比例持续快速增长，从一个侧面反映了中国研究生教育良好的国际声誉。“十二五”期间来华留学生基本情况见表 1–5。

“十二五”期间来华攻读硕士、博士学位的留学生快速增长，反映了中国研究生教育良好的国际声誉

表1–5　“十二五”期间年来华留学研究生基本情况

年度	人数/生			增长率/%	所占比例/%	
	硕士	博士	合计		占留学生总体的比例	占学历教育留学生的比例
2009	14227	4751	18978	32.89	7.97	20.31
2010	19040	5826	24866	31.03	9.38	23.15
2011	23453	6923	30376	22.16	10.38	25.56

① 中国：全球高等教育中强势崛起的中国力量［N］. 卫报，2015-10-12.

② 美国：国际教育协会宣布“赴华留学研究生奖学金项目”正式启动 . 国际教育协会官网，2014-05-23.

续表

年度	人数/生			增长率/%	所占比例/%	
	硕士	博士	合计		占留学生总体的比例	占学历教育留学生的比例
2012	27757	8303	36060	18.71	10.98	27.01
2013	30828	9774	40602	12.59	11.39	27.45
2014	35876	12114	47990	18.20	12.73	29.19
2015	39205	14367	53572	11.63	13.47	28.99

注：2011—2013 年数据来自教育部国际合作与交流司编写的各年度《来华留学生简明统计》，2014—2015 年数据来自教育部官网公开发布的全国来华留学生数据

2. 中国研究生教育规模迅速扩张引发的质量问题引起国际的关注

随着博士生人数的不断增加，各国政府都开始思考是否应该降低博士学位授予的速度。一项新的研究指出，中国已是世界上博士产出量最高的国家。这项研究的完成人雷·莱美（Les Rymer）博士声称，过多的博士学位授予是导致博士教育被推上舆论风口浪尖的一个重要原因①。国外有研究者认为，中国社会现有经济发展规模和就业市场支撑不了过大的研究生教育规模，加之受中国高校现有办学条件和管理水平的制约，中国研究生教育的大规模扩张已产生了一些问题，包括研究生规模扩张带来质量下滑，导致毕业生素质下降，毕业生就业问题日趋严峻；规模扩张可能带来结构性教育资源浪费，大量毕业生无法就业或学非所用②。

《自然》杂志对日本、中国、新加坡、美国、德国、埃及和印度 7 个国家的博士生教育现状作了调查，中国的博士学位年授予量已经超过了世界上其他所有国家，数量的激增往往会带来教育质量的下降，虽然“中国的博士生比美国的博士生更容易在学术界找到合适的工作”，但是如果他们想到国外从

① 全球：博士生泛滥［N］. 大学世界新闻，2013-04-03.

② Nathan E. Bell, J effrey R. Allum. *Enrollment and Degrees in Professional Master' s (PSM) Programs: 2011*［EB/OL］.［2013-06-25］. http://www.sciencemasters.com/portals/0/pdfs/PSM_Enrollment_and_Degrees_Report_2011.pdf.

事学术性工作，则困难重重；而想在世界一流大学或顶尖的研究机构获得职位，则需有在其他国家进行博士后研究的经历①。美国有报道称，中国学术界面临严重的分化，对于海外学历的过分看重有利于吸引海外学者，有利于直接提升中国各个大学的排名，但是却使国内接受教育的学者留在名牌大学工作的机会越来越少，不利于高效率研究团队的建设，最终将不利于中国高校成为“世界一流”②。

3. 国际高等教育界紧盯中国高等教育市场

国际教育协会和德国柏林自由大学（Freie Universitat Berlin）2011 年合作完成的联合学位和双学位教育全球调查显示，调查涉及 28 个国家中，前 5 名被提及的伙伴国家为法国、中国、德国、西班牙和美国；未来最受各国欢迎的合作国家是中国、美国、法国、意大利和德国，中国是澳大利亚、英国和美国的首选③。根据国际教育协会《国际教育交流开放门户报告》（IIE’s Open Doors Report on International Educational Exchange）显示，中国仍然是美国最大的留学生生源国④。但也有国外高校的工作人员指出中国跨国教育法规缺少透明度将阻碍中外高等教育合作。英国文化教育协会的高级教育咨询员戴维·奈特（Dewi Knight）认为北京宣言（Beijing Statement）——旨在提高跨国教育项目质量的准则——很好地回应跨国教育质量保障存在的一些问题⑤。

中国跨国教育法规缺少透明度将阻碍中外高等教育合作

荷兰乌得勒支大学（Utrecht University）教授范·德·文德（Marijk van der Wende）与上海交通大学助理教授朱佳斌共同探讨了中国在国际高等教育领域的角色转换，分析了中国成为国际高等教育领头羊的潜在能力，认为中国颁布了相

① 博士教育沦为加工厂？［N］. 自然，2011- 04-20.

② 美国：报道指中国大学过度追求“世界一流”［N］. 高等教育纪事，2013-04-30.

③ 全球：国际联合培养学位和双学位的发展趋势良好 . 美国国际教育协会，2011 -09.

④ 美国：国际教育协会宣布“赴华留学研究生奖学金项目”正式启动 . 国际教育协会官网，2014-05-23.

⑤ 英国高校希望中国可以提高跨国教育法规的透明度［N］. 泰晤士报世界大学排名，2016-03-28.

应的高等教育政策，旨在建立一个富有国际竞争优势与中国特色的高等教育体系，但是中国的国际高等教育领头羊之路仍然任重而道远[①]。

三、"十三五"中国研究生教育提高质量的展望

我国研究生教育正从世界"研究生教育大国"向"研究生教育强国"的转变，正从研究生教育的"数量时代"迈向"质量时代"，坚持内涵发展，提高教育质量，是我国研究生教育未来很长一段时期的基本思路和核心任务。"十三五"是实现中华民族伟大复兴中国梦的关键时期，一方面世界经济正处于深度调整之中，科技创新潮流汹涌澎湃，高端人才竞争日趋激烈；另一方面我国经济发展进入新常态，国家实施创新驱动发展战略、"一带一路""中国制造 2025"和"互联网 +"等重大发展战略，对高层次创新人才的规模和质量提出了迫切需求[②]。因此，要进一步深化研究生教育综合改革，树立研究生教育宏观层面的系统质量、微观层面的人才培养质量、人才质量的文化与制度的"大质量观"[③]，全面提高研究生教育质量。

（一）发展维度：从战略高度和国际视野促进研究生教育质量提升

1. 要从研究生教育战略地位来提升研究生教育质量

研究生教育作为国民教育的顶端和国家创新体系的生力军，承担着"高端人才供给"和"科学技术创新"的双重使命，是新思想、新知识生产的重要源头，是知识经济的主要驱动力，是新知识从大学转移到其他生产部门的主要力量，是将创新投射到经济发展中的主要因素。我国要在激烈的国际竞争中赢得主动、形成优势，就必须充分认识研究生教育的战略地位，就必须增强研究生教育的竞争力、吸引力和培养能力，就必须增强研究生教育的质量意识和竞争意识，就必须切实提高研究生教育的质量。从研究生教育战略地位来提升研究生教育质量，一是要从研究生教育对于国家经济社会的战略作用出发，更加清晰地认识到研究生

① 中国：中国的国际高等教育领头羊之路任重而道远［N］. 大学世界新闻，2016-03-22.

② 唐玉光 . 研究生教育要有"质"有"量"［N］. 光明日报，2016-01-09.

③ 袁本涛 . 质量是深化研究生教育改革的根本［EB/OL］.［2015-03-12］.http://www.jyb.cn/high/sjts/201501/t20150117_610731_5.html.

教育及其质量的重要性，增强提高研究生教育质量的责任感、紧迫感和使命感；二是要从研究生教育对于国家创新体系建设和创新能力建设的战略作用出发，深刻把握全球经济科技竞争新趋势，增强危机意识和忧患意识，切实提高研究生教育的质量；三是要从国家改革发展总体战略出发，将内涵发展和提高质量作为研究生教育改革发展的基本策略，切实把工作重点放在提高质量上来。

2. 要从研究生教育历史使命的角度来提升研究生教育质量

研究生教育是我国实现创新驱动发展、促进经济提质增效升级的重要支撑，必须主动服务国家需求，为推动经济保持中高速增长、迈进中高端，为实施创新驱动发展战略培养数量更多、质量更高的优秀人才。研究生教育要成为高端人才的聚集器，会聚和造就有全球竞争力的优秀人才，形成新的"高端人才红利"；成为国家科技创新的倍增器，产出更多更好的科研成果，使创新成为驱动发展的内生动力和主导力量；成为中华优秀文化传承创新的推进器，集成世界文明之优长，兼具跨文化对话之视野，为传播中华文化、促进人文交流贡献力量[①]。研究生教育社会适应性是一个复杂问题，既要从研究生教育发展这个角度来考虑，又要从经济社会发展及其需求这个角度来考虑。教育社会适应性可以从两个方面来界定，一是指教育根据经济社会发展动态和未来趋势，及时进行符合社会需求的实际变化；二是指教育主动地改变自身的特性，以积蓄应对社会需求变化的能力[②]。前者是一种即时的反应，主要指向满足当前的实际需求；后者是一种长远的谋划，主要指向在动态发展中始终保持研究生教育与社会发展需求的匹配，体现出研究生教育的前瞻性与先导性。提升研究生教育社会适应性要同时兼顾这两个方面，一方面要根据经济社会发展特别是支柱产业、高新技术产业发展的需求，通过培养目标、培养模式、培养机制、培养过程等方面的变革和创新，使研究生教育与社会需求保持相互适应和相互推进的良性互动关系；另一方面要通过变革研究生教育的理念，提升研究生教育的质量，增强研究生教育根据社会需求的变化趋势自主、自觉进行及时调整和变革的能力，以使研究生教育与社会需求变化保持一个动态的匹配和互动。因此，提升研究生教育社会适应能力的基本

① 刘延东. 在全国研究生教育质量工作会议暨国务院学位委员会第三十一次会议上的讲话[J]. 学位与研究生教育，2015（1）：1–6.

② 余远富，刘超 . 论大众化背景下高等教育的社会适应性［J］. 高等教育研究，2010（1）：41–48.

原则是，既要根据社会需求及时进行实际变化，又要不断增强应对需求变化的能力；既要及时变化以适应社会需求，又要不断增强应对需求变化的能力；既要全面树立适应社会的基本观念，又要积极开展形式多样的社会服务活动。

3. 要以研究生教育改革发展来提升研究生教育质量

实践发展永无止境，解放思想永无止境，改革开放永无止境。2015 年 7 月 24 日出版的 *Science* 刊登了美国协会科学促进会的前首席执行官 Alan I. Leshner 写的一篇社论《反思研究生教育》(*Rethinking graduate education*)，指出美国按照传统模式培养研究生，已经无法满足大多数学生的需求，是一种明显的脱节行为。虽然进行了一些讨论和变革，比如呼吁重塑研究生教育以反映科学以及相关领域职业的变化，但是，取得努力的影响范围还非常有限，其主要形式也就是在本已不堪重负的课程体系中增加了一些新的内容而已，因此要从基本体系出发进行分析和重构，让研究生培训计划能设计得更好，能满足当今学生多样化的职业需要，这就需要为未来的变革做一个行动计划，而这又需要科学、学术、工业和政府等社会各界的共同努力①。面对新形势新任务，研究生教育必须全面深化综合改革，一是要坚持问题导向，要紧扣制约研究生教育改革与发展的制度性问题、深层次问题，尤其是研究生、指导教师在研究生培养过程中碰到的困难和阻碍，采取问题倒逼来推进改革的深入；二是要抓住资源配置，使市场在资源配置中起决定性作用和更好发挥政府作用，既要简政放权，推动研究生教育资源配置依据市场规则、市场价格、市场竞争实现效益最大化和效率最优化，又要赋权彰能，发挥宏观政策和制度创新的调控作用，增强研究生教育发展的公平性和公益性，增强研究生教育对于经济社会发展的促进作用。

（二）创新维度：创新驱动促进研究生教育供给侧改革

1. 主动融入创新驱动发展战略

党的十八大作出了实施创新驱动发展战略的重大部署，强调科技创新是提高社会生产力和综合国力的战略支撑，必须摆在国家发展全局的核心位置。服务创新驱动发展战略是高等教育改革发展的大势和大局，我们当前面临的是如何抓住

① 赵斌. 美国也在反思如何重构研究生教育体系［EB/OL］.［2015-07-30］.http://m.sohu.com/n/417868936/.

机会，真正解决学校科技创新服务区域经济发展的薄弱环节，真正成为创新驱动这一新引擎加速发动的导航仪、驱动杆和加速器。研究生培养单位要积极主动全面服务创新驱动发展战略，提升创新能力，提升协同创新能力，提升支撑引领创新驱动发展战略的能力，提高人才培养质量，而首要的就是驱动创新，一是要驱动学术的创新，通过创新来提升学术水平；二是要驱动学科的创新，通过创新来提升学科建设；三是要驱动学生的创新，通过创新推动学生成长。研究生教育质量提升最终就要落脚到学术—学科—学生三位一体的创新，学术的创新是研究生教育质量提升的前提，学科的创新是研究生教育质量提升的基础，学生的创新是研究生教育质量提升的根本，学术的创新和学科的创新要围绕学生的创新能力的发展与显露来展开。而随着知识生产方式的转变，过去传统框架下的创新模式与动力存在很大的局限性，研究生教育要提升质量必须超越知识、学科、同质性的框架，重视知识生产的情境化、集体性、跨学科协同性和异质性，依托知识生产的多元性主体和多样性组织，营造更加合适的质量保障体系。这在当前，就具体体现为研究生教育要实际融入国家创新驱动发展战略之中。研究生教育要融入服务创新驱动发展战略之中，要成为创新驱动的驱动力，就必须进行自身的创新，就必须激发自身的创新潜力，未来研究生教育改革的一个主线就是要结合服务社会中激发研究生的创新能力，就是要围绕研究生创新实践和创新能力发展来促成研究生教育质量的持续提高。

2. 加强创新创业教育

我国要建设世界科技强国，关键是要建设一支规模宏大、结构合理、素质优良的创新人才队伍，激发各类人才创新活力和潜力。要完善创新人才培养模式，强化科学精神和创造性思维培养，加强科教融合、校企联合等模式，培养造就一大批熟悉市场运作、具备科技背景的创新创业人才，培养造就一大批青年科技人才[①]。比较而言，大学本科教育对创造稳定的经济很重要，通过提供给学生一些基础性的知识、工作技能，保证经济社会发展所必需的人才支持和技术支持，进而实现社会的维持性发展；研究生教育则不仅提供给学生先进的知识及技术，而

① 习近平 . 为建设世界科技强国而奋斗——在全国科技创新大会、两院院士大会、中国科协第九次全国代表大会上的讲话［EB/OL］.［2016-05-31］.http://www.moe.gov.cn/jyb_xwfb/moe_176/201606/t20160601_247259.html.

且进一步开发了学生批判性思考方式，使学生成为创造性生产者①，进而推动社会的跨越式发展。因此，研究生培养必须融入创新创业教育，要使创新创业能力发展成为研究生培养的重要方面，要结合创新创业教育来深入推动研究生培养改革，把创新创业教育融入研究生培养全过程，以其为核心创新培养体系、重构培养过程、优化资源配置，实现提高研究生培养质量的突破。提升研究生教育质量首先必须树立正确的研究生教育观，要转变转向在创新实践中发现人才、在创新活动中培育人才、在创新事业中凝聚人才，要以创新创业为龙头来牵引和统帅研究生培养。

3. 针对需求推进供给侧改革

习近平总书记2015年11月10日在中央财经领导小组会议上指出，“在适度扩大总需求的同时，着力加强供给侧结构性改革，着力提高供给体系质量和效率”；11月18日在亚太经合组织（APEC）工商领导人峰会发表演讲时指出，“必须下决心在推进经济结构性改革方面做更大努力，使供给体系更适应需求结构的变化。”如何针对研究生教育发展的新形势，立足研究生教育需求，推动研究生教育的改革发展，增强高质量、高效益的研究生教育供给，是新形势下我国研究生教育改革发展的重点任务。中国民主促进会中央委员会2015年3月2日提交了《关于深化国家学位制度改革 释放研究生教育活力的提案》，提出面对党的十八届三中、四中全会之后全面深化改革的新形势、新任务和新要求，国家学位制度一些具体政策的不适应性日渐突出，严重制约高等教育综合改革和办学活力，亟需深化改革。过去很长一段时间，我们总在说要提高研究生质量，但对质量的含义并不是特别明确，现在就是要明确必须以需求为基础来谈质量，必须围绕需求来提高质量服务。需求与提高质量是辩证统一的，服务需求是提供质量的途径，提高质量是为了更好地服务需求。研究生教育要针对社会需求推进高层次人才和科技创新的供给侧改革，要进一步面向国家和区域发展战略的重大需求、面向世界一流大学建设战略的需求，以供给侧结构性改革为抓手，通过研究生教育结构的调整来增强研究生教育的社会适应能力和社会支撑能力，通过拓展研究生培养类型来扩大研究生培养能力，通过创新研究生培养模式来提升研究生的创

① Commission on the Future of Graduate Education in the United States. *The Path Forward: The Future of Graduate Education in the United States* [R]. http://www.fgereport.org/rsc/pdf/CFGE_report.pdf.

新能力和实践能力。

（三）规律维度：遵循教育规律促进研究生培养过程优化

1. 夯实世界一流大学和一流学科建设的研究生教育基础

党中央、国务院作出了建设世界一流大学和一流学科的重大战略决策，提出到 2020 年，若干所大学和一批学科进入世界一流行列，若干学科进入世界一流学科前列；到 2030 年，更多的大学和学科进入世界一流行列，若干所大学进入世界一流大学前列，一批学科进入世界一流学科前列，高等教育整体实力显著提升；到 21 世纪中叶，一流大学和一流学科的数量和实力进入世界前列，基本建成高等教育强国。高质量的研究生教育既是世界一流大学和一流学科建设的任务之一，没有高水平、高质量的研究生教育就难以成为世界一流大学，就难以建成世界一流学科；又是世界一流大学和一流学科建设的途径之一，建设一流师资队伍、培养拔尖创新人才、提升科学研究水平、传承创新优秀文化、着力推进成果转化等建设任务始终都离不开高水平的研究生教育。就建设一流师资队伍而言，高水平的研究生教育既是一流师资队伍的源泉，在当前研究生教育提供的博士毕业生的质量很大程度上决定着高等学校师资队伍新进人员的水平与潜力，又是一流师资队伍建设的支撑，在当前大科学、跨学科等新的科研组织形式下大学教师要做出高水平的科研成果、高质量的社会服务需要相应的学术团队，而优秀的硕士、博士研究生正是各个学术团队的核心力量。研究生教育要以一流为目标、以学科为基础、以绩效为杠杆、以改革为动力，切实提高研究生教育质量，增强研究生教育的国际竞争力，使研究生教育成为世界一流大学和一流学科建设的坚强基石。

2. 加强研究生课程建设和课程学习

研究生教育质量尤其是规模快速扩张后导致的质量问题，就是违背研究生教育规律造成的。要实现研究生教育的科学发展，破解当前研究生教育规模快速扩张与全面提高教育质量之间的矛盾，就必须坚持始终遵循研究生教育规律。当前研究生质量问题主要集中在研究生的能力上，但是，研究生的能力培养贯穿整个教育过程，并非只在研究生阶段。只不过研究生阶段已是“教育接力赛”的最后一棒，前面积累下来的问题也许此时集中体现，但是，研究生教育只能在有限时间达到有限目标。因此，首先要正确地认识到研究生有哪些能力是我们必须培养的，有哪些能力是我们培养不了的[①]。研究生培养单位要更好地发挥课程学习在研究生培养中的作用，切实转变只重科研忽视课程的实际倾向，提高对研究生课程建设、教学改革的常态化投入；改变教学方式，提高课程学习要求，研究生在课程学习过程中要完成相应的课程论文或者案例分析。培养单位和学位授权点要探索建立课程学习综合考核制度，结合研究生中期考核或设立单独考核环节，对研究生经过课程学习后知识结构、能力素质等是否达到规定要求进行综合考核，达不到要求、不适宜继续攻读的应予以分流或淘汰。

3. 健全质量监督保障体系

进一步强化研究生教育培养机构的主体责任，充分调动导师的积极性，建立质量导向的研究生教育管理体制和人才培养模式，引导和督促研究生培养机构走内涵式发展道路。研究生教育质量的提高进入到一个由外入内，自上而下的新阶段。在这一新阶段中，高校等研究生培养单位内部自我约束与自我激励机制的确立才是提升研究生教育质量的根本[②]。构建科学的研究生培养质量评价指标体系，既要包含评价研究生学术表现等内部指标，也要兼顾评价研究生社会服务、就业质量、雇主反映等外部指标。要孕育和扶持第三方机构开展研究生教育质量评价，定期发布研究生教育质量报告，保障公众知情权和社会监督权，对研究生教育质量形成有效监督和制约[③]。

4. 加强学术规范和学术道德教育

研究生学术规范和学术道德的树立是一个系统工程，从制度侧面来讲，一是要使科学道德教育和学风建设制度化，将其融入研究生培养过程之中；二是要建立科学完善的评价体系，学术评价要从偏重数量转向重视质量和贡献；三是要完善研究生教育质量保障体系，将研究生学术规范和学术道德教育与研究生教育质量保障体系建设关联起来，使其成为质量保障的重要目标和质量保障体系的有机构成部分；四是要改变目前的研究生学业评价模式，改变研究生成长环境，营造一个有利于研究生做出创造性成果的良好氛围；五是要建立长效机制，要从开展

① 钟扬. 研究生培养质量提升的解决之道［N］. 文汇报，2015-11-20.

② 阎光才. 研究生教育质量提升面临“内部”困局［N］. 光明日报，2015-01-06（14）.

③ 钟秉林. 关于“十三五”期间深化研究生教育改革的建议［J］. 教育与职业，2016（10）：5.

活动、完成任务转化为健全机制、营造氛围，引导研究生自觉遵守科学道德，大胆开展科技创新。

（四）国际维度：立足国家战略促进研究生教育国际化发展

1. 要从国家战略高度来推进研究生教育国际化

随着经济全球化的发展，各国都纷纷把培养高端科技人才当作重点，尤其是全球化的高端人才更是成为各国着力培养的重中之重。研究生教育国际化着眼于培养战略性高端人才，它对国家的发展具有不可替代的作用，各国纷纷将研究生教育国际化提升到国家战略高度，并通过一系列的政策和制度来推动研究生教育国际化，比如欧洲的博洛尼亚进程、日本的全球“COE 计划”（Center of Excellence）等。我国要提升国际影响力，必须不断提高研究生教育的培养质量，其中国际化是重要的途径之一。2015 年中共中央十八届五中全会通过的《中共中央关于制定国民经济和社会发展第十三个五年规划的建议》提出了 5 个发展的理念，即坚持创新发展、协调发展、绿色发展、开放发展、共享发展，开放发展是今后我国发展的主旋律之一，全方位对外开放是发展的必然要求。我国要通过研究生教育国际化战略来更积极主动地展示和传播我国的优秀文化，增进国际社会对我国的理解，培养友华爱华的国际人士；要结合我国基本国情，在保持中国特色的同时推行研究生教育国际化战略，培养时代所需的具有国际视野的高层次人才。

2. 要紧密服务国家“一带一路”战略来推进研究生教育国际化

随着世界多极化以及经济全球化的深入发展，社会各领域对高层次人才的依赖程度不断增加。中国 2013 年提出了“一带一路”和筹建亚投行的倡议，要使这两项倡议顺利进行，需要大批具有全球视野、通晓国际规则的管理人才、科技人才和文化人才。这昭示着我国必须尽快探索出一套跨国培养和跨境流动的人才培养机制，研究生教育作为其重要构成部分首当其冲。教育部印发的《推进共建“一带一路”教育行动》提出推进“一带一路”教育共同繁荣，既是加强与沿线各国教育互利合作的需要，也是推进中国教育改革发展的需要，中国愿意在力所能及的范围内承担更多责任义务，为区域教育大发展做出更大的贡献。中国将以基础性、支撑性、引领性三方面举措为建议框架，开展三方面重点合作，对接沿线各国意愿，互鉴先进教育经验，共享优质教育资源，全面推动各国教育提速发展。中国高校要积极参与到“一带一路”建设中来，要结合自身办学特色和本校学科学术资源、专业优势，设立“一带一路”建设所需的具有国际视野且拥有专业技术的高层次国际化人才培养计划，围绕“一带一路”建设中的实际需求，开发综合性强、跨学科的研究生培养项目。

3. 开展国际认证

随着各国在研究生教育领域开展的国际交流与合作越来越多，研究生教育的质量成为各国关注的重点，开展研究生教育国际认证是保障各国研究生教育质量的有效手段。由于认证强调标准国际的等效性，我国应加入国际认证体系当中，通过专业认证加强对高校专业和所培养的人才的国际互认，促进我国研究生教育质量的提高，使我国培养的学生能与国际接轨，得到世界上其他国家的承认。中国的工程、应用科学等领域相比美国等发达国家还有很大差距，中国需要主动加入美国工程技术认证委员会（ABET）等国际质量认证组织，接受其他国家对我国研究生教育这些学科领域专业的认证，从而找出自己的缺陷，针对不足，完善和提高这些专业的学科建设。与此同时，我国要积极参与研究生教育国际质量标准的制订，熟悉了解国际规则并运用于我国研究生教育质量认证的实践中，并宣传并改进我们的研究生教育质量保障制度，提高我国研究生教育的国际认可度。

第二章 研究生教育质量评析

2015 年是具有标志性意义的一年，既是国家“十二五”规划的收官之年，也是《国家中长期教育改革和发展规划纲要（2010—2020 年）》实施的中期年份，研究生教育事业与 5 年前相比获得了更大的发展，研究生教育质量持续得到巩固和提高。在政策支持方面，国务院印发了《统筹推进世界一流大学和一流学科建设总体方案》，为各类高校提高研究生教育质量建立了新平台。在规模结构方面，2015 年在校研究生规模超过 190 万人，比 2010 年增长 24%；在校专业学位研究生超过 67 万人，是 2010 年的 3 倍；研究生导师人数超过 36 万名，比 2010 年增加了近 10 万名；来华留学攻读研究生学位的人数超过 5 万人，比 2010 年翻一番还多；专业学位设置达到 40 种，高层次应用型人才培养的覆盖面更加适应社会需求。在研究生教育质量信息公开方面，培养单位公开发布质量报告、就业质量报告正在逐步形成规范和常态机制。

一、研究生教育发展基本概况[①]

2015 年全国共有研究生培养单位 792 个。其中，普通高校 575 个、科研机构 217 个。

2015年在校研究生规模达1911406人

2015 年在校研究生规模达 1911406 人，比 2014 年增加近 7 万人，增长率为 3.45%。按学位层次区分，有博士生 326687 名，占比为 17.1%，硕士生 1584719 名，占比为 82.9%。按学位类型区分，有学术学位研究生 1238406 名，占比为 64.8%，其中学术学位博士研究生 319142 名，学术学位硕士研究生 919264 名；有专业学位研究生 673000 名，占比为 35.2%，其中专业学位博

① 2015 年教育数据统计来自教育部发展规划司编印的《中国教育事业发展统计简况》。

士研究生 7545 名，专业学位硕士研究生 665455 名。在校研究生中，学术学位博士研究生占 16.7%，专业学位博士研究生占 0.4%；学术学位硕士研究生占 48.1%，专业学位硕士研究生占 34.8%。学术学位硕士生的比例占首次降至 50% 以下，专业学位硕士生的比例首次超过 30%。2015 年在校研究生构成如图 2–1 所示。

学术学位硕士生的比例占首次降至50%以下，专业学位硕士生的比例首次超过30%

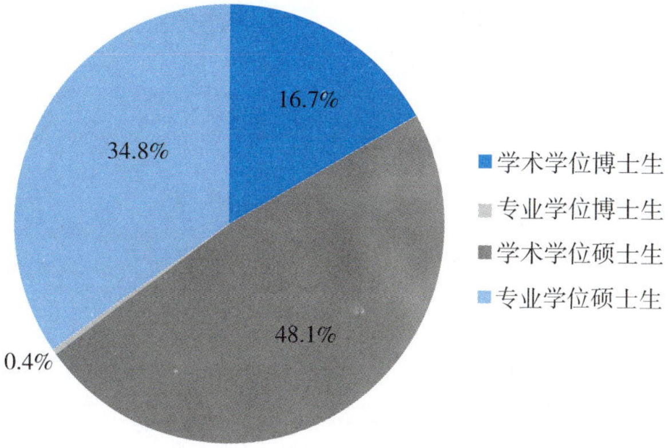

图2–1　2015年在校研究生构成

2015年研究生招生数量为645055人，其中招收博士生74416名

2015 年研究生招生数量为 645055 人，其中招收博士生 74416 名（含学术学位博士生 72491 名，专业学位博士生 1925 名），招收硕士研究生 570639 名（含学术学位硕士生 308922 名，专业学位硕士生 261717 名）。招收的硕士研究生中，专业学位硕士生占比为 45.9%，比 2014 年提高了 2.4%。按学科分，2015 年招生规模最大的是工学，招收研究生 227167 名，占比为 35.22%，招生规模排名第二位和第三位的分别是管理学和医学；招收研究生规模最少的是军事学，占比为 0.03%，历史学和哲学的研究生招生规模也很小，占比均未超过 1%。2015 年分学科招收研究生人数和比例详见表 2–1 和图 2–2。

表2-1　2015年分学科招收研究生人数

学科门类	招收研究生/人	招收博士生/人	招收硕士生/人
哲学	4218	833	3385
经济学	30019	2861	27158
法学	42484	3873	38611
教育学	35046	1434	33612
文学	32713	2433	30280
历史学	5901	980	4921
理学	63571	15492	48079
工学	227167	28462	198705
农学	24147	3172	20975
医学	75325	9751	65574
军事学	177	27	150
管理学	83952	4435	79517
艺术学	20335	663	19672
合计	645055	74416	570639

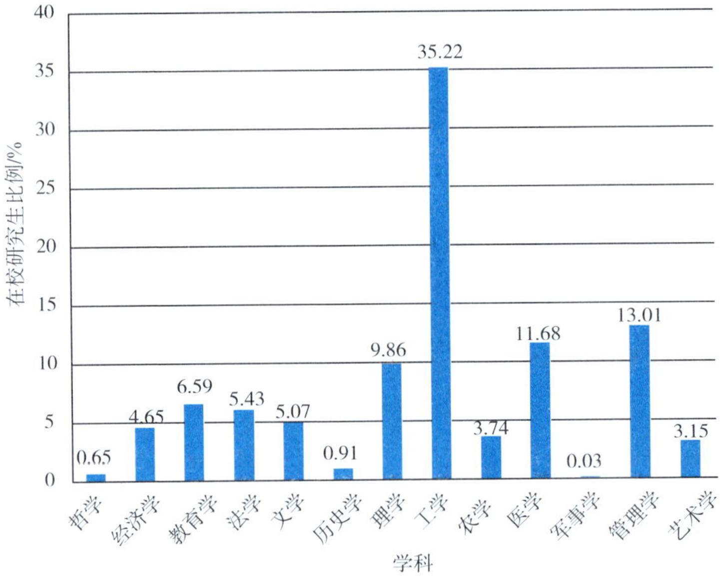

图2-2　2015年各学科门类招收研究生所占比例

2015年共毕业研究生551522名

毕业博士生人数超过万人的学科门类为工学、理学

2015年共毕业研究生551522名，比2014年增加2.92%。毕业研究生中博士毕业生53778名，硕士毕业生497744名。2015年毕业研究生人数最多的学科门类是工学，有近20万名，占总体比例的35.33%，1/3略多。除工学外，毕业研究生超过5万名的学科门类还有管理学（71831名）、医学（62602名）。毕业研究生1万名以内的学科门类有军事学（204名）、哲学（4052名）、历史学（4994名）。毕业博士生人数超过万人的学科门类为工学、理学，介于万人和千人的学科门类有医学、管理学、法学、农学、经济学、文学6个学科门类，低于千人的有哲学、历史学、教育学、军事学、艺术学5个学科门类。毕业硕士生超过5万名的学科有工学、管理学和医学3个学科门类。2015年分学科毕业研究生人数和比例详见表2–2和图2–3。

毕业硕士生超过5万名的学科有工学、管理学和医学3个学科门类

表2–2　2015年分学科毕业研究生人数

学科门类	毕业研究生/人	毕业博士生/人	毕业硕士生/人
哲学	4052	610	3442
经济学	26344	2184	24160
法学	39396	2631	36765
教育学	30488	978	29510
文学	30912	1811	29101
历史学	4994	679	4315
理学	48856	10978	37878
工学	194859	18729	176130

续表

学科门类	毕业研究生/人	毕业博士生/人	毕业硕士生/人
农学	20288	2549	17739
医学	62602	8707	53895
军事学	204	30	174
管理学	71831	3411	68420
艺术学	16696	481	16215
合计	551522	53778	497744

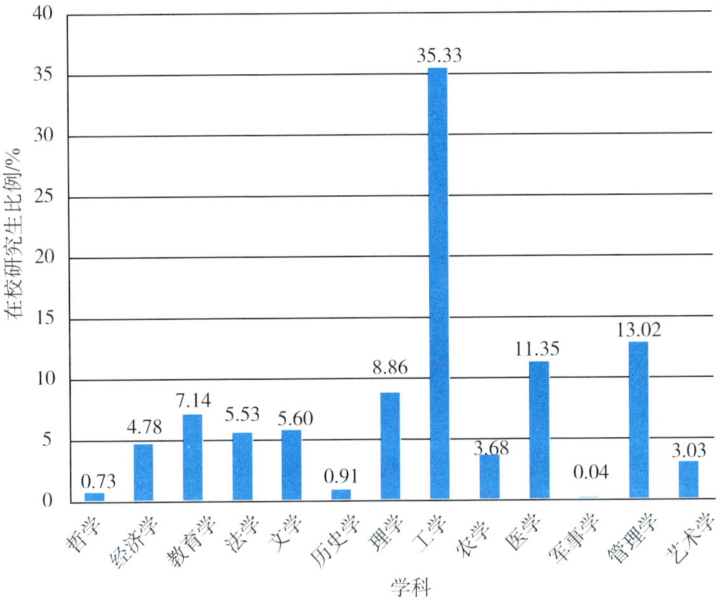

图2–3　2015年各学科门类毕业研究生所占比例

2015 年全国有研究生指导教师 363218 名，比 2010 年增加了 102753 名，增长了 39.4%。研究生导师中有正高级职称 176753 名，副高级职称 164660 名，中级职称 21805 名。研究生导师指导关系分类：有博士导师 14844 名，硕士导师 276629 名，博士、硕士导师 71745 名。博士导师、硕士导师与博士、硕士导师 3 类导师之间的比例为 4 : 76 : 20，与 2013 年、2014 年相比，博士导师数量进一步减少，硕士导师数量进一步增加。研究生指导教师和在读研究生的比例为

1∶5.3，2014 年这一比例为 1∶5.5。2015 年全国研究生导师分类结构如图 2–4 所示。

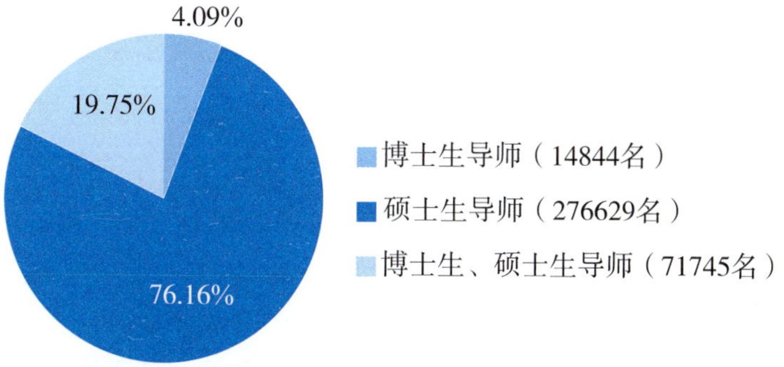

图2–4　2015年全国研究生导师分类结构

国家财政性教育经费占国内生产总值比例为4.15%

2014年全国普通高等学校生均公共财政预算教育事业费支出为16102.72元，比上年的15591.72元增长3.28%

第一名北京市的高校生均公共财政预算教育事业费是最后一名湖北省的5.28倍

教育投入保持稳定。2014 年全国国内生产总值为 636139 亿元，国家财政性教育经费占国内生产总值比例为 4.15%，比上年的 4.16% 降低了 0.01 百分点。2014 年，全国教育经费总投入为 32806.46 亿元，比上年的 30364.72 亿元增长 8.04%。2014 年全国普通高等学校生均公共财政预算教育事业费支出为 16102.72 元，比上年的 15591.72 元增长 3.28%；2014 年高校生均公共财政预算教育事业费排在前 3 名的地区分别是北京市（58548.41 元）、上海市（27111.7 元）、西藏自治区（22714.97 元），排在后 3 名的地区分别是湖北省（11086.72 元）、安徽省（11235.56 元）、云南省（11570.24 元），第一名北京市的高校生均公共财政预算教育事业费是最后一名湖北省的 5.28 倍；2014 年有北京市、福建省、甘肃省、内蒙古自治区、河南省、黑龙江省、安徽省、浙江省、吉林省、山西省、重庆市、江苏省、山东省、辽宁省、宁夏回族自治区、广东省、江西省等 17 个地区的高校生均公共财政预算教育事业费呈现正增长。其中，北京市是增长最快的地区，增长率为 22.93%，增长率超过 15% 的地区还有福建省（19.87%）、甘肃省（16.02%）和内蒙古自治区（15.14%），而天津市、青海省、西藏自治区、贵州省、湖北省、上海市、云南省、海南省、新疆维吾尔自治区、湖南省、河北省、广西壮族自治区、四川省、陕西省等 14 个地区则出现负增长，降幅最大的 3 个地区分别是天津市（–19.00%）、青海省（–18.83%）和西藏自治区（–17.03%）。①

2014 年，全国共投入研究与试验发展（R&D）经费达 13015.6 亿元，比 2013 年增加 1169 亿元，增长 9.9%；R&D 经费投入强度（与国内生产总值之比）为 2.05%，已经连续两年超过 2%。人均方面，按研究与试验发展人员（全时工作量）计算的人均经费为 35.1 万元，比上年增加 1.6 万元。从研究活动类型分析，2014 年全国用于基础研究的经费为 613.5 亿元，比上年增长 10.6%；应用研究经费支出 1398.5 亿元，增长 10.2%；试验发展经费支出 11003.6 亿元，增长 9.8%。基础研究、应用研究和试验发展占研究与试验发展（R&D）经费总支出的比重分别为 4.7%、10.8% 和 84.5%。分活动主体看，各类企业经费支出为 10060.6 亿元，比上年增长 10.9%；政府属研究机构经费支出 1926.2 亿元，增长 8.1%；高等学校经费支出 898.1 亿元，增长 4.8%。企业、政府属研究机构、高等学校经费支出所占比重分别为 77.3%、14.8% 和 6.9%。②

二、2015年研究生教育质量分析③

随着《国家中长期教育改革和发展规划纲要（2010—2020 年）》的深入实施

---

① 教育部，国家统计局，财政部 . 关于 2014 年全国教育经费执行情况统计公告［EB/OL］.［2016-05-10］. http://www.moe.edu.cn/srcsite/A05/s3040/201510/t20151013_213129.html.

② 国家统计局，科学技术部，财政部 . 2014 年全国科技经费投入统计公报［EB/OL］.［2016-05-01］. http://www.mof.gov.cn/zhengwuxinxi/caizhengshuju/201511/t20151127_1586024.html.

③ 数据来自教育部发展规划司编印的《中国教育事业发展统计简况》。

和研究生教育综合改革的进一步深化，研究生教育在“十二五”期间获得了更多的内涵式发展。作为“十二五”的收官之年，2015 年的研究生教育质量与 2010 年相比，既有量的发展，也有质的飞跃，对创新型国家建设起到了更大的支撑作用。

（一）研究生招生规模增幅近4%

研究生招生规模近年来年均增幅约为4%，增长的招生规模90%用于招收硕士研究生

研究生招生规模近年来持续增长，但增长幅度较小，年均增幅约为 4%，特点是稳中有增，增长的招生规模 90% 用于招收硕士研究生。2015 年研究生招生较上一年增长 3.82%，较 2010 年增长了 1/5。研究生招生增长情况如表 2–3 及图 2–5、图 2–6、图 2–7、图 2–8 所示。

表2–3　2006—2015年研究生招生及在校研究生规模增长情况

（单位：人）

年份	研究生招生	博士生招生	硕士生招生	在校研究生	在校博士生	在校硕士生
2006	397925	55955	341970	1104653	208038	896615
2007	418612	58022	360590	1195047	222508	972539
2008	446422	59764	386658	1283046	236617	1046429
2009	510953	61911	449042	1404942	246319	1158623
2010	538177	63762	474415	1538416	258950	1279466
2011	560168	65559	494609	1645845	271261	1374584
2012	589673	68370	521303	1719818	283810	1436008
2013	611381	70462	540919	1793953	298283	1495670

续表

年份	研究生招生	博士生招生	硕士生招生	在校研究生	在校博士生	在校硕士生
2014	621323	72634	548689	1847689	312676	1535013
2015	645055	74416	570639	1911406	326687	1584719

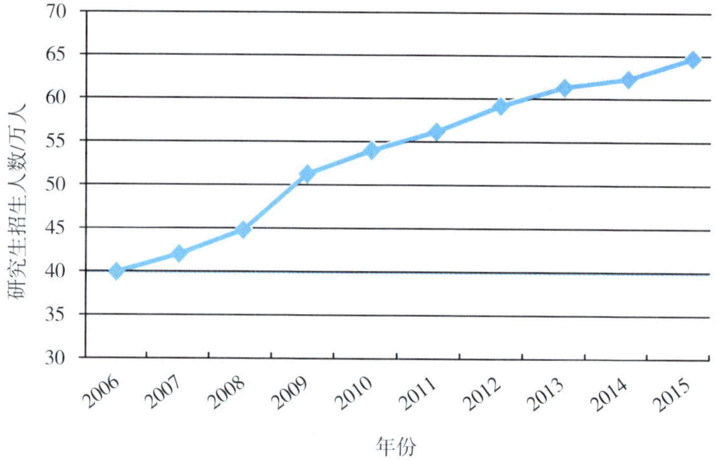

图2-5　2006—2015年研究生招生规模增长情况

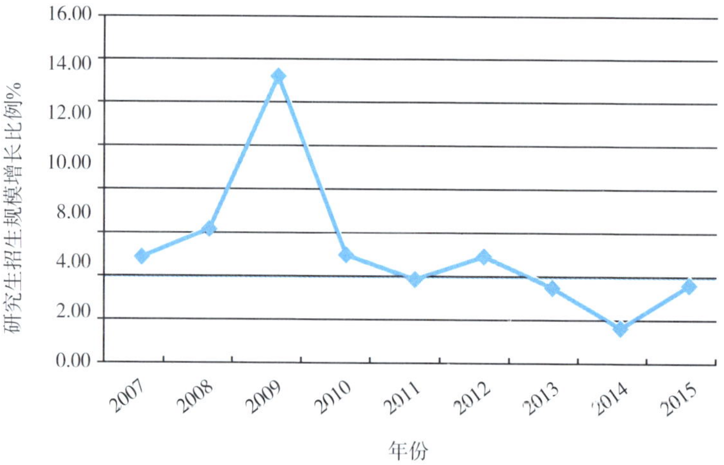

图2-6　2007—2015年研究生招生规模增长比例

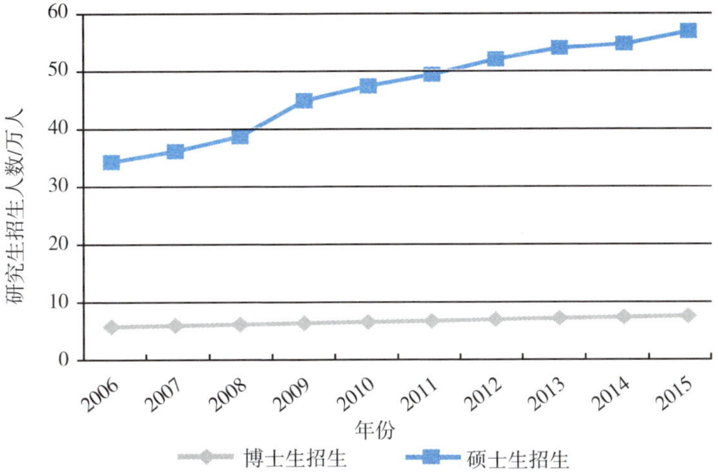

图2-7 2006—2015年博士生、硕士生招生增长情况

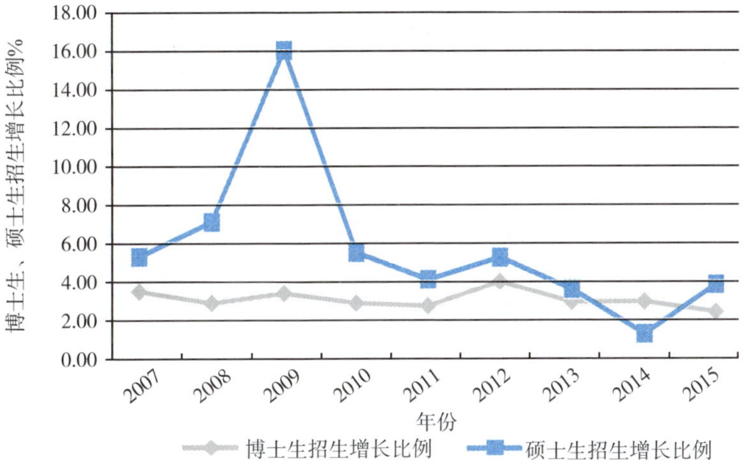

图2-8 2006—2015年博士生、硕士生招生增长比例

2010—2015 年，硕士生招生规模从 474415 人增长到 570639 人，增长了 1/5；博士生招生规模从 63762 人增长到 74416 人，增长了 16.71%。

（二）研究生就业状况保持稳定

2013 年，教育部设计了就业质量报告发布制度，要求各高校要编制并公开发布本校毕业生就业质量年度报告。按照教育部要求，教育部直属高校先行在 2014 年年初发布了 2013 届毕业生的就业质量报告，2015 年、2016 年年初先后发布了 2014 届、2015 届毕业生的就业质量报告。

研究生就业率超过95%的有28所

教育部 76 所直属高校 2015 年毕业研究生就业率情况如表 2-4 所示。从 76 所直属高校公布的 2015 届毕业生就业质量年度报告分析，37 所有研究生总体就业率数据的高校中，研究生就业率超过 95% 的有 27 所，超过 99% 的有 4 所，分别是北京邮电大学（99.96%）、华南理工大学（99.83%）、华东理工大学（99.68%）和北京科技大学（99.52%）；研究生就业率低于 90% 的高校有 3 所，分别是华中师范大学（82.84%）、北京语言大学（86.56%）、陕西师范大学（87.74%）。

44所高校的硕士生就业率超过95%

54 所有硕士生就业率数据的高校中，44 所高校的硕士生就业率超过 95%，其中 13 所高校在 99% 以上，排名前三的高校的是北京邮电大学（99.96%）、中国药科大学（99.78%）和上海财经大学（99.67%）；硕士研究生就业率低于 90% 的高校有 3 所，分别是华中师范大学（81.92%）、北京语言大学（86.49%）和陕西师范大学（87.42%）。

博士生就业率超过95%的有42所

53 所有博士生就业率数据的高校中，博士生就业率超过 95% 的有 42 所，超过 99% 的有 12 所，其中北京邮电大学、中央音乐学院、、中国石油大学（华东）、中南财经政法大学等 4 所高校博士就业率达 100%；博士生就业率不足 90% 的高校有 2 所，分别是华东师范大学（84.34%）、湖南大学（85.02%）。

与上年基本一致的是，北京林业大学、华中农业大学、华中科技大学 3 所高校发布了单独的研究生就业质量报告，北京林业大学、华中农业大学还专门给出了专业学位硕士研究生的就业率。

表2-4 教育部76所直属高校2015年毕业研究生就业率一览表

序号	学校名称	硕士生		博士生		研究生	
		毕业人数	就业率/%	毕业人数	就业率/%	毕业人数	就业率/%
1	北京大学	3630	98.68	983	99.08		
2	中国人民大学	3309	99.09	681	99.12		
3	清华大学	2530	99.2	1121	97.2		
4	北京交通大学	2663	99.29	173	98.27		
5	北京科技大学	2305		425			99.52
6	北京化工大学	1528		169			97.88
7	北京邮电大学	2531	99.96	168	100	2699	99.96
8	中国农业大学	1936	95.66	654	96.33		
9	北京林业大学	692学 505专	98.12学 98.22专	208	97.12	1405	98.01
10	北京中医药大学	942	99.15	178	99.44		
11	北京师范大学	2874	97.08	610	97.05		
12	北京外国语大学	674		70			
13	北京语言大学	555	86.49	33	90.91	588	86.56
14	中国传媒大学	1242	94.44	129	96.90		
15	中央财经大学	1570	99.55	83	96.39		
16	对外经济贸易大学	1534	99.28	52	96.15		
17	国际关系学院	197	96.95			197	96.95
18	中央音乐学院	155	98.71	26	100	181	
19	中央美术学院	246		42		288	
20	中央戏剧学院					83	98.90
21	中国政法大学	1883	94.85	143	96.50	2026	96.35
22	华北电力大学					2194	98.31
23	中国矿业大学（北京）	1341	98.66	197	96.95	1538	98.44
24	中国地质大学（北京）	1577	94.42	315	96.83		

续表

	学校名称	硕士生		博士生		研究生	
		毕业人数	就业率/%	毕业人数	就业率/%	毕业人数	就业率/%
25	中国石油大学（北京）	1720		186		1816	95.28
26	南开大学					3658	97.40
27	天津大学	3470	98.21	604	97.68		
28	大连理工大学	2847		245		3092	95.47
29	东北大学	3035		292		3327	95.20
30	吉林大学	5561		1020		6581	92.66
31	东北师范大学	3256		318			95.83
32	东北林业大学	1149	90.21	155	92.95	1304	90.57
33	复旦大学	3458	97.19	1348	96.74		
34	同济大学	4179	98.76	625	96.80		
35	上海交通大学	3705	97.30	1365	97.00	5070	98.56
36	华东理工大学	1953		246		2199	99.68
37	东华大学	1673	99.16	141	97.16		
38	华东师范大学	3014	92.70	198	84.34		
39	上海外国语大学	901	96.45	83	96.38	984	96.44
40	上海财经大学	1538	99.67	142	99.30		
41	南京大学	3508	98.60	739	98.11		
42	东南大学	3700	98.87	1077	97.98		
43	中国矿业大学	1908	97.12	297	98.99	2205	
44	河海大学					3217	93.90
45	江南大学					1849	92.32
46	南京农业大学	2041	91.67	488	90.78	2529	
47	中国药科大学	919	99.78	325	99.69		
48	浙江大学	4333	99.03	1339	98.36	5672	
49	合肥工业大学					2284	96.58

续表

	学校名称	硕士生		博士生		研究生	
		毕业人数	就业率/%	毕业人数	就业率/%	毕业人数	就业率/%
50	厦门大学	2610	98.00	409	91.4		
51	山东大学	3533	96.89	580	98.10		
52	中国海洋大学	2229	96.28	294	95.24		
53	中国石油大学（华东）	1589	97.99	101	100		
54	武汉大学	5541	96.50	905	97.57		
55	华中科技大学	5381	95.60	1004	97.21	6385	95.85
56	中国地质大学（武汉）	1679	95.71	149	98.66		95.95
57	武汉理工大学	3677	98.24	210	97.90		
58	华中农业大学	993学 532专	92.04学 93.23专	188	92.02	1713	92.35
59	华中师范大学		81.92		93.56	3351	82.84
60	中南财经政法大学	2341	96.88	157	100		
61	湖南大学		96.02		85.02	3079	95.06
62	中南大学	3853		707			96.45
63	中山大学	4184	96.91	1051	94.99		
64	华南理工大学	3326		283		3609	99.83
65	重庆大学	3629	97.66	368	95.65		97.47
66	西南大学	3699		222		3921	94.36
67	四川大学	5026	97.97	1031	98.25	6057	98.02
68	西南交通大学	2490	95.00	179	99.09		
69	电子科技大学	3399		268		3667	97.65
70	西南财经大学	2128	98.92	172	99.42		
71	西安交通大学	2993	99.13	737	99.39		
72	西安电子科技大学	2806	99.07	129	94.57		
73	长安大学	2054		100			92.26

续表

	学校名称	硕士生		博士生		研究生	
		毕业人数	就业率/%	毕业人数	就业率/%	毕业人数	就业率/%
74	西北农林科技大学					2180	95.55
75	陕西师范大学	2735	87.42	119	94.96	2854	87.74
76	兰州大学	2723	93.28	343	97.08		

备注：①表中数据来源于76所教育部直属高校公布的《2015年毕业生就业质量报告》；②表中所选就业率数据为该校报告中采集时间靠后的数据，空白单元格表示该校报告中无相应数据；③表中高校顺序与教育部2015年5月公布的“2015年全国高等学校名单”一致

（三）研究生参与科技创新比例小幅增长

研究生是科技创新活动的生力军，是支撑创新型国家建设的重要群体。科研项目是科技创新的一种组织形式，也是培养研究生的重要载体。

累计有134068名研究生参加当年获得资助的国家自然科学基金项目

国家自然科学基金资助项目作为国家层面的高水平科研项目，每年都有一大批优秀研究生积极参与。根据国家自然科学基金委公布的2015年度报告，按项目组成员组成统计，累计有134068名研究生参加当年获得资助的国家自然科学基金面上项目、青年科学基金项目、地区科学基金项目和重点项目，其中博士生52943名，硕士生81125名。[①] 2014年度报告中这几项数据分别为研究生126131名、博士生51341名、硕士生74790名。按照绝对数，2015年博士生、硕士生累计参与人次最多的是面上项目，分别有约3.2万、4.1万人次。按照相对数，重点项目组成员中博士生比例最高，为30.33%，地区项目组成员中硕士生比例最高，约占32.46%。研究生参与2015年国家自然科学基金项目的人次及比例如

① 国家自然科学基金委员会.2015年度报告［EB/OL］.［2016-05-10］. http://www.nsfc.gov.cn/publish/portal0/tab224/.

表 2–5 所示。

表2—5 研究生参与2015年国家自然科学基金项目的人次及比例

项目类别	项目组成员中博士生参与情况		项目组成员中硕士生参与情况		研究生参与情况合计	
	人次	比例/%	人次	比例/%	人次	比例/%
面上项目	31914	23.14	41767	30.28	73681	53.42
青年项目	17121	16.69	29912	29.15	47033	45.84
地区项目	1106	4.93	7277	32.46	8383	37.39
重点项目	2802	30.33	2169	23.48	4971	53.81

注：表中数据来自国家自然科学基金委员会编写的《2015 年度报告》

（四）研究生导师数量稳定增长

研究生导师队伍的数量、质量和结构是保证研究生教育质量的核心支撑条件。研究生导师从 2010 年的 260465 名增长到 2015 年的 363218 名，增长了近四成，增长幅度与在校研究生的增幅呈正相关关系。2015 年的生师比为 5.3∶1，该比值是 2007 年以来最低的，表明研究生导师队伍快速壮大，数量能较好地满足研究生培养需求。按研究生 3 年学制计算，平均一个导师一年招收两名研究生。按指导关系计算，平均一个博士生导师指导 3.8 名在校博士研究生，一个硕士生导师指导 4.5 名在校硕士研究生。研究生导师和在校研究生增长情况及生师比变化情况如表 2–6 所示、图 2–9 所示。

2015年的生师比为5.3∶1

表2—6 2007—2015年研究生导师和在校研究生数及生师比情况

年份	研究生导师数/人	在校研究生数/人	生师比
2007	206034	1195047	5.8∶1
2008	223944	1283046	5.7∶1

续表

年份	研究生导师数/人	在校研究生数/人	生师比
2009	239857	1404942	5.9：1
2010	260465	1538416	5.9：1
2011	272487	1645845	6.0：1
2012	298438	1719818	5.8：1
2013	315815	1793953	5.7：1
2014	337139	1847689	5.5：1
2015	363218	1911406	5.3：1

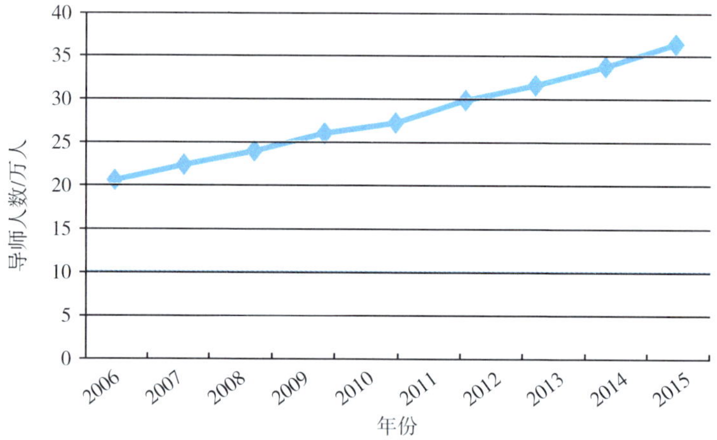

图2-9　2007—2015年研究生导师数的增长情况

具有中级职称的研究生导师比例逐年增加，2015年首次超过5%，达到6%

从研究生导师的职称结构方面分析，具有正高级职称的研究生导师最多，比例接近一半；具有副高级职称的研究生导师占比约为45%；具有中级职称的研究生导师比例逐年增加，2015年首次超过5%，达到6%，成为研究生导师队伍中的重要力量。从数量上分析，中级职称的研究生导师在2015年达到21805名，比 2010 年的 7469 名增加了近两倍，这既表明导师队伍结构的优化和能力的提升，同时也意味着研究生导师资格与高级职称之间的关系在逐步弱化，“研究生导师”正在回归到指导研究生的岗位本质，而不是固定的身份。研究生导师职称结构情况如表 2–7 所示。

表2–7 研究生导师职称结构情况

年份	正高级/%）	副高级/%	中级/%
2008	51.94	46.34	1.72
2009	51.20	46.56	2.24
2010	50.97	46.16	2.87
2011	49.68	46.88	3.44
2012	49.13	46.79	4.08
2013	48.93	46.46	4.61
2014	49.08	45.97	4.95
2015	48.66	45.33	6.00

（五）专业学位招生占比首超4成

专业学位研究生教育是高层次应用型人才培养的重要途径，是研究生教育体系的重要组成部分。自《国家中长期教育改革和发展规划纲要（2010—2020 年）》提出“加快发展专业学位研究生教育”以来，专业学位作为研究生教育的一个突破口获得了快速发展。截至 2015 年，国家已经设立了硕士专业学位 40 种，博士专业学位增加到 6 种，形成了类型丰富、结构合理的专业学位授权体系。2015 年，专业学位研究生招生数超过 26 万名，占研究生招生总量的比例首次突破四成，在校专业学位研究生约 67 万名，占在校研究生数的 1/3 还多。2015 年在校专业学位研究生是 2010 年的 3 倍。2009—2015 年专业学位研究生增长情况如表 2–8、图 2–10 所示。

2015年，专业学位研究生招生数超过26万名，占研究生招生总量的比例首次突破四成

表2-8　2009—2015年专业学位研究生统计数据

年份	研究生招生总数/人	专业学位招生数/人	专业学位招生占比/%	在校研究生数/人	专业学位在校生/人	专业学位在校生占比/%
2009	510953	72239	14.1	1404942	128325	9.1
2010	538177	119299	22.2	1538416	221664	14.4
2011	560168	159942	28.6	1645845	338042	20.5
2012	589673	198883	33.7	1719818	449674	26.1
2013	611381	228578	37.4	1793953	546386	30.5
2014	621323	240762	38.7	1847689	612854	33.2
2015	645055	263642	40.9	1911406	673000	35.2

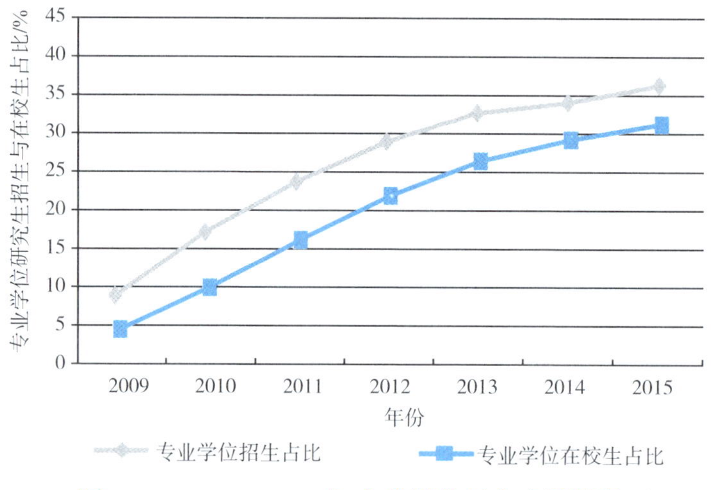

图2-10　2009—2015年专业学位研究生增长情况

在健全授权体系和规模发展的同时，专业学位研究生教育内涵发展也在深入推进。教育部在2015年专门针对专业学位研究生案例教学和联合培养基地建设提出了17条指导意见。在专业学位研究生教育改革方面，教育部在2010年北京大学等64所高等学校开展专业学位研究生教育综合改革试点工作的基础上，又于2015年遴选了12所部属高校，3个省、直辖市教育主管部门和3个全国专业学位研究生教育指导委员会开展深化专业学位研究生教育综合改革试点工作，综合改革试点单位包括清华大学、北京大学、中国人民大学、北京师范大学、中国农业大学、中国政法大学、上海交通大学、华东师范大学、南京大学、武汉大学、中国石油大学、西南交通大学、工程教指委、法律教指委、会计教指委、上海市教委、江苏省教育厅、广东省教育厅等。

（六）来华留学研究生快速增长

留学生是教育国际化的重要观测指标。留学生的规模、层次、结构等从一个侧面反映了一个国家的教育质量和国际影响力。[①] 教育部在 2010 年制定了《留学中国计划》，提出到 2020 年来华留学生人数要达到 50 万人，其中接受高等教育学历教育的留学生人数要达到 15 万人。近几年，随着国家经济的发展和研究生教育质量的提升，来华留学生持续快速增长，来华攻读博士、硕士学位的留学生规模也持续快速增长，来华留学生的结构日趋优化。

2015年来华攻读研究生学位的有53572人，同比增加11.63%

2015 年共有 397635 名各类来华留学生，其中接受学历教育有 184799 名，占来华生总数的 46.47%。2015 年来华攻读研究生学位的有 53572 人，同比增加 11.63%。其中，攻读硕士学位 39205 人，攻读博士学位 14367 人。来华留学攻读学位的研究生在来华留学生中的占比为 13.47%，在来华接受学历教育留学生中的占比为 28.99%。2009—2014 年，来华留学的博士生从 4751 人增长到 14367 人，硕士生从 14227 人增长到 39205 人。来华留学研究生在留学生总体中的比例逐年提高，从 7.97% 增长到 13.47%。留学研究生在来华接受学历教育的留学生中比例从 20.31% 提高到 28.99%。来华留学生的硕士生和博士生的比例为 3 ∶ 1 左右。来华留学研究生增长情况如表 2–9、表 2–10 及图 2–11、图 2–12 所示。

来华留学攻读学位的研究生在来华留学生中的占比为13.47%

① 王战军 . 我国研究生教育的国际影响力［J］. 国家教育行政学院学报，2013（2）:16–19.

为提高来华留学攻读研究生学位的吸引力，国家在 2015 年继续扩大了中国政府奖学金规模，2015 年有来自 182 个国家的 40600 来华留学生获得中国政府奖学金，占来华留学生总数的 10.21%。奖得中国政府奖学金的留学生中，89.38% 为学历生，68.01% 为研究生，获奖研究生比例较上年增加 5.01%。

表2-9　2009—2015年来华留学研究生基本情况

年份	来华留学人数/生	学历教育人数/生	研究生人数/生	硕士生人数/生	博士生人数/生
2009	238184	93450	18978	14227	4751
2010	265090	107432	24866	19040	5826
2011	292611	118837	30376	23453	6923
2012	328330	133509	36060	27757	8303
2013	356499	147890	40602	30828	9774
2014	377054	164394	47990	35876	12114
2015	397635	184799	53572	39205	14367

注：2009—2013 年数据来自教育部国际合作与交流司编写的各年度《来华留学生简明统计》，2014—2015 年数据来自教育部官网公开发布的全国来华留学生数据

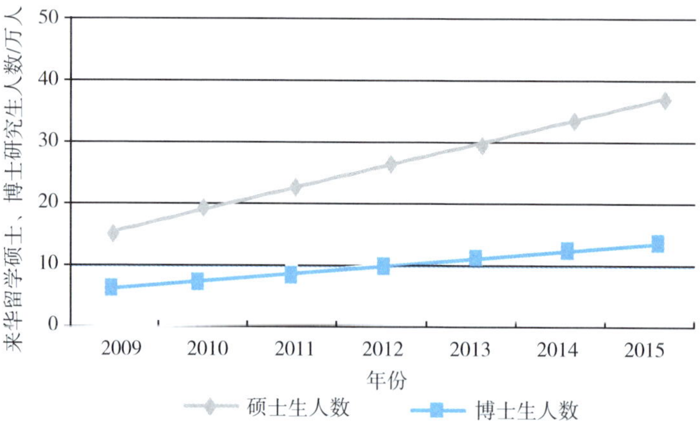

图2-11　2009—2015年来华留学研究生增长情况

表2-10 2009—2015年留学研究生的相对数量及增长情况

年份	留学研究生占留学生总体的比例/%	留学研究生占学历教育留学生的比例/%	留学硕士生和博士生之比	留学研究生增长率/%	留学硕士生增长率/%	留学博士生增长率/%
2009	7.97	20.31	2.99	32.89	37.15	21.57
2010	9.38	23.15	3.27	31.03	33.83	22.62
2011	10.38	25.56	3.39	22.16	23.18	18.83
2012	10.98	27.01	3.34	18.71	18.35	19.93
2013	11.39	27.45	3.15	12.59	11.06	17.72
2014	12.73	29.19	2.96	18.20	16.37	23.94
2015	13.47	28.99	2.73	11.63	9.28	18.6

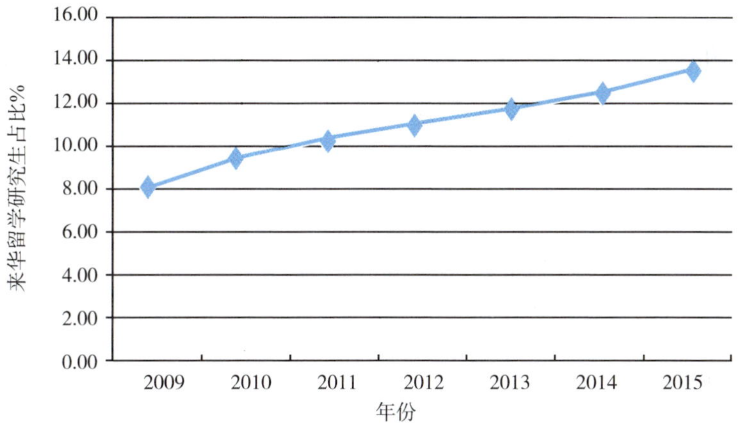

图2-12 2009—2015年来华留学研究生占来华留学生的比例增长

三、2015年研究生教育质量指数构建

研究生教育质量是一个多维度、多层面的概念，不同的评价主体、不同的质量观和质量标准会持有不同的甚至大相径庭的评价，也总会面临各种各样的论争。尽管如此，我们还是需要建立一套较为科学的指标体系来测度研究生教育质量，特别是通过质量指数简明直观地反应、监测研究生教育质量状态，使社会公众能够对研究生教育质量进行感知的同时，推动教育系统内部深化对研究生教育质量的认识并采取措施持续提高研究生教育质量。

研究生教育质量指数是反映不同时间或空间条件下研究生教育质量变动方向和变动程度的相对数

研究生教育质量指数（Graduate Education Quality Index，缩写为 GEQI）是反映不同时间或空间条件下研究生教育质量变动方向和变动程度的相对数[①]。在选定分指标的前提下，可以通过差距率计算、标杆比较（Benchmarking）等方法可计算分指标得分，在分指标权重确定或设定的基础上即可算出相应的总指数。为反映研究生教育质量状态，特别是监测研究生教育质量发展状况，并考虑质量数据的相关性、可获得性、连续性以及相对稳定性、可监测性等，本报告参考上海证券综合指数(“上证综指”)的计算方法，以上年度的研究生教育数据为基准，通过 4 个维度、8 项观测指标的变化来表征研究生教育质量指数，从各个不同的侧面反映研究生教育质量年度发展的相对状况。鉴于研究生教育质量指数是最近几年才提出的新概念，尚处在逐步发展和完善的阶段，因此本报告暂不给各项观测指标赋予权重、暂不计算总的质量指数，待研究积累到一定阶段、指数构成框架相对稳定和成熟时再进行指标赋权并合成指数。本报告初步提出的研究生教育质量指数具体构成如表 2-11 所示。

表2-11　研究生教育质量指数构成

	观测维度	观测指标	指标分值计算方法
研究生教育质量指数（GEQI）	规模结构	研究生招生规模增幅	（本年度观测值/上年度观测值）*100
		专业学位研究生招生比例	
	资源支撑	师生比	
	培养过程	研究生参与科技创新率	
		研究生满意度	
		博士学位论文抽检合格比例	
	对创新型国家建设贡献度	具有研究生学历的就业人员比例	
	国际化	来华留学研究生增幅比例	

① 翟亚军，王战军，彭方雁. 研究生教育质量的指数测度方法——对“985工程”一期教育部直属高校的实证分析［J］. 教育研究，2012（2）:79—83.

表2-12 研究生教育质量指数观测指标计算结果

观测指标	基准值*	观测值	指标分值
研究生招生规模增幅	1.63%	3.82%	234.4
专业学位研究生招生比例	38.7%	40.9%	105.7
师生比	1 : 5.5	1 : 5.3	103.8
研究生参与科技创新率*	36.35%	37.27%	102.5
研究生满意度	71.7%	70.7%	98.6
博士学位论文抽检合格比例	94.9%（2013）	95.4%（2014）	100.5
具有研究生学历的就业人员比例	0.48%（2012）	0.51%（2013）	106.3
来华留学研究生增幅比例	12.73%	13.47%	105.8

注：①本表中基准值未注明年份的均指 2014 年数据，观测值为 2015 年数据；由于数据公开滞后等原因，部分指标以 2014 年之前的年份为基准值，以最新可获得的年份数据为观测值。②“研究生参与科技创新率”的操作定义为：［国家自然科学基金委年度报告中研究生参与当年项目的人次数 /（当年博士生招生人数 + 当年硕士生招生人数 /2）］×100。③研究生满意度数据为北京理工大学学位与研究生教育研究中心的调查结果。④博士学位论文抽检数据依据国务院学位办公布的抽检结果进行转换计算得到。⑤具有研究生学历的就业人员比例数据来自《中国人口和就业统计年鉴》

研究生教育质量指数总体上呈现稳步发展的态势

从观测指标分值计算结果可以看出，当前构成研究生教育质量指数的观测指标除研究生满意度略有下降外，其他观测指标都在正向发展，但发展态势不平衡，规模增幅指标发展幅度较大之外，其他 7 项指标发展幅度均很小，总体上呈现稳步发展的态势。

第三章　2015年度研究生教育质量事件、单位与人物

研究生教育质量的年度事件、单位和人物在一定程度上反映和体现了本年度研究生教育质量的热点与社会关注焦点。本报告筛选出研究生教育领域的九大事件、一个研究生培养单位和一位年度人物，以此来呈现 2015 年度我国在提高研究生教育质量过程中的政策举措和实施成效。

一、2015年度研究生教育质量事件

2015 年，我国研究生教育领域继续深化改革，并采取一系列举措提高研究生教育质量。其中，深化专业学位研究生教育综合改革等事件，不仅是本年度我国研究生教育质量的热点，也必将对我国研究生教育事业发展产生深远影响。

（一）深化专业学位研究生教育综合改革

6 月 23 日，教育部学位管理与研究生教育司发出《关于开展深化专业学位研究生教育综合改革工作的通知》，决定在原有改革试点工作基础上，选取部分单位开展深化专业学位研究生教育综合改革工作。经过遴选，12 所部属高校，3 个省、直辖市教育主管部门和 3 个全国专业学位研究生教育指导委员会获准开展深化专业学位研究生教育综合改革试点工作。它们是北京大学、清华大学、中国农业大学、南京大学等 12 所部属高校，上海市、江苏省、广东省的教育主管部门，工程硕士、法律硕士、会计硕士 3 个全国专业学位研究生教育指导委员会。

12所部属高校，3个省、直辖市教育主管部门和3个全国专业学位研究生教育指导委员会获准开展深化专业学位研究生教育综合改革试点工作

（二）我国自2017年起将实施临床医学类专业学位研究生招生改革

据中国研究生招生信息网9月15日新闻，9月，教育部印发《教育部关于推进临床医学、口腔医学及中医专业学位硕士研究生考试招生改革的实施意见》（以下简称《实施意见》），部署推进临床医学类专业学位硕士研究生考试招生改革工作。教育部有关负责人表示，从2017年全国硕士研究生招生起，全面实施临床医学类专业学位硕士研究生考试招生改革。

1.《实施意见》出台的背景

党中央、国务院历来高度重视医学人才培养和医学教育改革工作。2014年，教育部、国家卫计委等6部门落实中央精神，印发了《关于医教协同深化临床医学人才培养改革的意见》，明确了构建中国特色标准化、规范化临床医学人才培养体系的指导思想、总体目标、近期任务、主要举措、路线图和时间表，其中，明确提出要加快临床医学硕士专业学位研究生考试招生制度改革。2014年，国务院印发《关于深化考试招生制度改革的实施意见》，对考试招生制度改革进行了系统部署，把临床医学类专业学位硕士研究生考试招生改革作为硕士研究生考试招生改革的一个突破口和切入点。

根据《国务院关于深化考试招生制度改革的实施意见》精神以及教育部等六部委《关于医教协同深化临床医学人才培养改革的意见》要求，针对当前临床医学类专业学位硕士研究生考试招生存在的问题，在多次调研论证基础上，经反复征求有关方面的意见，形成了《教育部关于推进临床医学、口腔医学及中医专业学位硕士研究生考试招生改革的实施意见》。这既是推进医教协同、深化临床医学人才培养改革的重要举措，也是研究生考试招生改革在重点领域的深化和突破。

2. 改革的总体要求和主要内容

临床医学类专业学位硕士研究生考试招生改革的总体要求是：遵循医学教育规律，建立更加符合临床实践要求、科学有效的考试招生机制，推动构建临床医学人才“5+3”标准化、规范化培养体系。推进分类考试，实现临床医学类专业学位与医学学术学位分类考试，更好地适应临床医学类专业学位特点和选拔培养要求。促进科学选才，针对临床医学类专业学位培养要求和临床医生职业特点，改革考试内容，进一步突出职业素质和专业能力考查，加强考查实效性，促进优秀临床医学专门人才脱颖而出。简政放权、放管结合，充分发挥招生单位和导师的作用，同时建立有效约束机制，保障选拔质量。落实医教协同，贯彻临床医学人才“5+3”培养模式改革要求，实现研究生教育和职业规范化培训有机衔接，推动医教融合、协同发展。保障公平公正，进一步严格监管，落实并强化考试招生信息公开，切实保证机会公平、程序公开、结果公正。

此次改革主要内容有 5 项：一是推进分类考试；二是改革考试内容；三是强化复试考核；四是充分发挥招生单位录取主体作用；五是加强监督管理。

3. 推进分类考试的具体措施

临床医学类专业学位与医学学术学位硕士研究生培养目标定位不同，差异明显。因此，临床医学类专业学位和医学学术学位硕士研究生初试业务课考试科目将分别设置。临床医学类专业学位硕士研究生初试环节设“临床医学综合能力”（分中医、西医两类）科目，着重考查临床医学职业素质和专业能力，以适应选拔培养高素质临床医生的要求，体现临床医学培养的标准化、规范化导向，由教育部考试中心统一命题，满分 300 分。口腔医学专业学位考试延续以往的政策安排，既可选用统一命题的“临床医学综合能力”，也可由招生单位自主命题。考虑到各医学培养院校不同的办学特色和定位，医学学术学位硕士研究生初试业务课科目由各招生单位按一级学科自主命题，着重考查医学专业素养和科研创新潜质。思想政治理论、外国语考试科目及分值保持不变。

（1）改革后的“临床医学综合能力”科目考试内容变化

改革后的“临床医学综合能力”科目考试内容，主要有 3 方面变化。一是全面加强对职业素质的考查，主要是对医德的考查。二是进一步强化临床技能考查。三是进一步提高命题内容综合度，推进专业知识、职业素质、专业技能考核的有机结合，强化能力考查，避免考生一味死记硬背，提高考查实效性。

（2）改革后对于复试考核的新要求

改革后将要求招生单位根据本单位办学特色和专业特点，更加充分地发挥复试考核的作用。一是树立正确的选拔理念，明晰初试和复试各自定位，建立健全复试考核机制，科学设计考查内容、方法和评价标准，综合笔试、面试、实践操作等多种方式，深入考查考生的职业素质和临床实践技能，提高选拔质量。二是综合评价考生的一贯表现，按照本科临床医学相关教育标准以及临床医学硕士培养方案，对考生的既往学业成就和潜在能力素质进行认真考核、全面评价。三是重视并充分发挥导师群体在复试考核中的作用，在选拔机制和程序上强化导师组的学术权力和责任，规范导师招生行为。

（3）招生单位录取主体作用的发挥

一是扩大招生单位录取自主权。由招生单位自主确定本单位临床医学类专业学位硕士研究生进入复试的分数线，以及接受报考其他单位临床医学类专业学位硕士研究生的调剂分数线，目的是推动招生单位根据自身办学特色、培养要求、培养能力等实际情况进行自主选拔，促进科学选才。

二是建立相关约束机制。教育部划定临床医学类专业学位硕士研究生初试国家线供招生单位参考，同时作为报考临床医学类专业学位硕士研究生的考生调剂到其他专业的基本成绩要求。招生单位自主划定的初试总分线低于教育部划定的国家线的，下一年度不得扩大临床医学类专业学位招生规模。

三是健全相关配套办法。各招生单位要根据此次印发的《实施意见》和年度研究生招生管理规定等国家招生政策，健全配套本单位的调剂录取办法。

（4）监督管理

此次改革也强调了对研究生招生录取工作的规范管理。一是进一步明确各级管理部门权责，健全统一领导、集体研究、集体决策机制，规范考试招生程序，强化对行政权力和学术权力的有效监督，形成规范透明的招生工作环境。二是严格落实研究生招生录取信息公开要求，招生单位要准确、规范、充分、及时向社会公开招生计划、招生章程、复试录取办法、复试录取名单及咨询申诉渠道等招生工作重要内容，确保招生录取工作公平公正。

（5）组织实施进度安排

为使考生有充足的调整准备时间，按照积极稳妥、分步实施原则，2016 年首先实施招生单位自主划定本单位临床医学类考生进入复试的初试成绩要求等相关改革措施，考试科目等其他改革暂不进行，从 2017 年全国硕士研究生招生起，全面实施临床医学类专业学位硕士研究生考试招生改革①。

① 2017 年起将实施临床医学类专业学位研究生招生改革［EB/OL］.［2016-05-22］. http://www.teachercn.com/EduNews/News_Zcfg/2015-9/15/2015091509023445397_2.html.

（三）“工程硕士混合式教学项目”将发布首批在线课程

据新华网 7 月 8 日消息，全国工程专业学位研究生教育指导委员会于 7 月 7 日启动“推进工程硕士在线课程建设，实施混合式教学模式项目”，计划 2015—2018 年建设上百门在线课程，首批 32 门在线课程将于今年 9 月通过“学堂在线”正式发布。

工程硕士专业学位于 1997 年设置，目前设有 40 个工程领域，共计 407 个培养单位，每年招生 16 万余人。目前，教指委已从第一批 60 多家培养单位的 400 余门申报课程中，挑选出 32 门工程硕士专业学位研究生教育在线课程。2016 年秋季，将启动第二批在线课程。今后 3 年，每学期都将有一批在线课程正式发布。40 余万在学工程硕士研究生、广大工程技术和工程管理人员都可免费上网学习这些课程，还能通过线上、线下混合式学习获得学分，甚至学位。

计划建设的在线课程分为公共课、领域核心课、领域专业课和领域特色课，基本覆盖40个工程领域

委员会副主任委员、中国科技大学副校长张淑林介绍说，计划建设的在线课程分为公共课、领域核心课、领域专业课和领域特色课，基本覆盖 40 个工程领域，将探索线上与线下、课堂与实训、院校教师与行业专家相结合的混合式教学模式[①]。

另据中国新闻网的报道，全国工程专业学位研究生教育指导委员会秘书长杨斌表示，今年教育部启动深化研究生教育改革，计划在若干所高校、部分省市和专业学位类别中取得实质性进展。作为深化专业学位研究生教育综合改革之一的工程硕士教育，将把推进在线课程建设作为改革的突破口，使线上与线下、课程与实训、院校教师与行业专家相结合的混合式教学成为主流教学模式，让全体培养单位和工程硕士研究生都能享受到优质教学资源[②]。

---

① 工程硕士混合式教学项目启动［EB/OL］.［2016-05-22］.http://news.xinhuanet.com/politics/2015-07/08/c_127997492.htm.

② 工程硕士推混合式教学三年建百门在线课程［EB/OL］.［2016-05-22］.http://news.sina.com.cn/o/2015-07-07/160632082291.shtml.

（四）清华大学携手华盛顿大学和微软公司在美创建全球创新学院

据新华网6月19日消息，美国当地时间6月18日，为探索解决全球性挑战，由清华大学、美国华盛顿大学和微软公司合作创建的全球创新学院（Global Innovation eXchange Institute，简称GIX）在美国华盛顿州西雅图正式启动。这是中国高校第一次到美国办学，也标志着中国高校在美国设立的第一个实体校区和综合性教育科研平台正式建立。

全球创新学院将由微软公司出资4000万美元作为启动资金，以西雅图地区的全新设施为基地，开辟建立新的独立校区。依托该学院，两校将在全球范围内联合招生、联合培养、联合授予学位，在跨专业融合及创新领域开展全方位教学和研究。学院将邀请全球大学和企业的优秀学者、研发人员参与，同时开设中英文课程，搭建具有多元文化优势的开放性教育和科研平台，培养全球经济发展和科研创新急需的综合人才，为中西文化融合互补、高端合作探索新模式。

GIX学院将倡导全新的国际化教学模式

GIX学院将倡导全新的国际化教学模式，通过营造一个全方位的、与项目研究相结合的教学环境，在学生和教师、高科技企业和大学之间建立直接联系，共同解决一系列包括可持续发展、移动医疗在内的各类全球性挑战[①]。

高科技企业和大学共同解决一系列包括可持续发展、移动医疗在内的各类全球性挑战

另据清华大学新闻网消息，2015年11月9日，清华大学携手美国华盛顿大学和微软公司合作创建的全球创新学院启动首个双学位硕士合作项目——互联设备双学位硕士项目。该双学位硕士项目学生必须同时达到两所大学的学位要求，预期同时获得清华大学硕士学位和华盛顿大学硕士学位。美国华盛顿大学校长

① 清华大学携手华盛顿大学和微软公司在美创建全球创新学院［EB/OL］.［2016-05-22］.http://education.news.cn/2015-06/19/c_1115671590.htm.

安娜·玛丽·科斯（Ana Mari Cauce），微软公司全球资深副总裁兼高级副总法律顾问苏瑞驰（Rich Sauer）清华大学校务委员会主任陈旭、副校长杨斌出席签约仪式，共同见证了双学位硕士项目的开启。

据悉，项目每门课程都将由两所大学共同设计，并由两校教师共同授课，双方教学资源深度融合，全新的国际化教学模式，真正诠释了学生高水平国际化培养的理念。同时，项目将汇聚优秀学子，在学生和教师、高科技企业和大学之间建立直接合作，共同致力于跨学科交叉融合与创新。

此次互联设备双学位硕士项目将涉及信息技术、工业和信息设计、创新创业与管理等不同学科，在招生时重点考察学生的软硬件能力、数据分析能力、实践能力、设计能力、创新创业能力以及交流沟通等多项综合能力。目前，招生工作正在有序进行中，首批将有约 35 名来自世界各地的优秀学子入选该项目。学位课程计划于 2016 年秋季开课。入选项目的 2016 级新生将先在清华学习一学年，随后赴全球创新学院进行为期 15 个月的学习，2017 年全球创新学院校区建成后，新一届新生将首先在全球创新学院进行第一阶段的学习[①]。

（五）中国高校首设信访博士培养方向，明年起招生

据中国教育网的消息，中国第一个信访领域的博士培养方向——“信访政策量化分析”博士培养方向 2015 年 7 月 6 日在中国政法大学正式开设。

该博士培养方向由北京市信访矛盾分析研究中心与中国政法大学政治与公共管理学院共同建设，实行双导师制。北京市信访矛盾分析研究中心委派实践导师，中国政法大学委派专业理论导师，理论学习在中国政法大学进行，实践培养基地设在北京市信访矛盾分析研究中心，双方共同承担博士研究生的培养工作。

据悉，2013 年以来，北京市信访矛盾分析研究中心与中国政法大学政治与公共管理学院积极探索，研究开发了“社会矛盾冲突的量化管理”专业课程。该课程在中国政法大学公共管理硕士研究生班开课以来，为信访政策量化研究积累了有益经验。“信访政策量化分析”博士培养方向正是在此基础上获得批准设立。

中国政法大学政治与公共管理学院教授傅广宛表示，当前信访形势依然严

① 全球创新学院在京启动首个双学位硕士项[EB/OL].[2016-05-23].http://www.tsinghua.edu.cn/publish/news/4210/2015/20151110154650900284998/20151110154650900284998_.html.

峻，定性层面的政策研究已经难以深入，在大数据的形势下，迫切需要在定量层面对有关案例进行梳理和归纳。“信访政策量化分析”博士培养方向是中国第一个专门从事信访领域相关数据分析的研究方向，其开设将对中国信访理论研究的深入开展、信访事业的改革创新起到促进作用。

“信访政策量化分析”博士培养方向是中国第一个专门从事信访领域相关数据分析的研究方向

“信访政策量化分析”博士培养方向将于2016年开始面向全国招生，当年计划招生1人。课程设置主要包括中国转型进程中的社会冲突与矛盾、信访数据量化分析实证研究、信访指数研究、社会定量研究的基础、社会调查和社会统计方法等[①]。

（六）教育部：2016年硕士研究生招生考试作弊行为将被追究刑责

2015年11月1日起正式实施的《刑法修正案（九）》规定：组织作弊、提供作弊器材、非法出售或提供试题答案、代考替考等行为将触犯《刑法》，最高可判处7年有期徒刑。因此，2015年的考研也被称为“最严考研”。

据新华网12月17日消息，2016年全国硕士研究生招生考试将于2015年12月26—28日举行。为加大对考试违规违法行为打击力度，教育部于12月17日向社会公布了2016年全国硕士研究生招生考试违规违法行为举报电话，同时提示考生，考试作弊行为将被追究刑事责任。

《刑法修正案(九)》2015年11月1日起施行明确相关考试作弊行为将被追究刑责

教育部郑重提醒广大考生，《刑法修正案（九）》已于2015年11月1日起施行，其中明确相关考试作弊行为将被追究刑责。此外，为他人提供作弊器材或者其他帮助，向他人非法出售或者提供考试的试题、答案，也将被追究刑责。

① 中国高校首设信访博士培养方向明年起招生［EB/OL］.［2016-05-22］.http://www.edu.cn/zhong_guo_jiao_yu/gao_deng/gao_jiao_news/201507/t20150707_1285463.shtml.

教育部表示，对涉考违法违规行为，有关部门将坚决依法依规严肃处理，绝不姑息。广大考生要提高法律意识，了解法律规定，自觉守法，诚信考试。欢迎社会各界和广大考生积极参与监督，共同维护公平公正的考试环境[①]。

另据搜狐新闻的消息，针对这一改变，律师分析认为，替考行为不仅破坏了社会诚信，也侵害了其他考生的权益。此前，中国针对替考行为在立法层面上无明确规定，只是在学校的规章制度中对替考、作弊行为有处罚及规定，但这种处罚只是行政处罚，对于大规模的替考、作弊来说违规成本太低，使不少学生铤而走险。《刑法修正案（九）》实施，在打击考试作弊的惩处方法上，从以前的取消成绩到禁考，至现在入刑的相关规定，显示出国家打击考试作弊的力度越来越大，同时彰显国家在为寒窗苦读的学子们营造出一个更加公平的考试环境[②]。

（七）女博士因抄袭被撤销学位，状告北大要求恢复

1. 事件介绍

北京大学（简称北大）研究生于艳茹于2013年在《国际新闻界》上发表了一篇学术论文，而此论文在2014年8月被这家学术期刊揭发系抄袭之作，因此，2013年获得博士学位的于艳茹一夜之间被推上舆论的风口浪尖。从那时起，她一直在为保住自己的博士学位做说明，做申诉。2015年1月，她的博士学位被北大撤销。北大第118次校学位评定委员会关于撤销于艳茹博士学位的决定中写道："经查实，于艳茹在校期间发表的学术论文《1775年法国大众新闻业的'投石党运动'》存在严重抄袭，依据《学位条例》等相关规定，经校学位评定委员会审议批准，决定撤销于艳茹博士学位，收回学位证书。"随后，于艳茹向北大提出"申诉"。3月13号，北大学生申诉处理委员会公布"二审"结果，维持原处理决定。于艳茹不服，将母校起诉到法院，要求判令撤销北大《关于撤销于艳茹博士学位的决定》，并恢复她的博士学位证书的法律效力。10月14日上午，北京海淀法院开庭审理了此案。

---

① 教育部：2016年硕士研究生招生考试作弊行为将被追究刑责［EB/OL］.［2016-05-22］.http://news.xinhuanet.com/2015-12/17/c_1117498713.htm.

② 考研人数止跌反弹今年替考等入刑最高可判7年［EB/OL］.［2016-05-24］.http://news.sohu.com/20151225/n432538420.shtml.

2. 相关人的看法

强硬主张揭发抄袭的《国际新闻界》主编陈力丹教授，对北大的处理结果当即表示不认同，认为北大处理草率，没有考虑给于艳茹未来生存和发展的空间。

陈力丹表示，取消博士学位的理由并不充分，因为博士论文并没有抄袭。尽管在申报博士论文时使用了这篇文章，但申报博士学位的条件很多，包括课程要达到合格以上，发表论文只是其中一项。抄袭行为是应该被批评的，也要有处分，但这样的决定有些草率了。（人民网）

北大历史学教授高毅是于艳茹的博士生导师，对自己的学生比较了解，他认为北大一直是比较注重学术规范的，于艳茹问题的出现，是“有隐情”的。高毅说：“她喜欢写一些传媒文章。有时候弄得传媒文章跟写文章分不清楚，有些不讲学术规范。传媒文章就是普通介绍知识的传媒文章，不是传媒学文章、研究文章，一般不需要遵守史学学术规范，不是说每一句话都要给出处。这是她个人的特点造成的。”（人民网）

于艳茹表示，那篇文章发表于毕业之后，而非在校期间，所以北大无权因那篇文章处理她，乃至撤销她的学位。这篇文章与学位无关，尽管她曾将那篇文章列为学位申请材料，但并不是必要条件，甚至不是有效条件①。（人民网）

（八）2016年研究生考试泄题，考生考前45分钟得答案

1. 事件介绍

2015 年 12 月 26—27 日举行的 2016 年全国硕士研究生招生考试结束后，教育部门接到众多考生、网民的举报，同时网络上流出大量截图，显示 2016 年的英语、政治等科目疑似泄题。根据案件初步调查和网民、考生提供的信息反映，此事件疑与相关考研培训机构有关。对此，教育部 12 月 27 日晚 10 时许发出官方微博：接到举报，反映有考生收到个别科目部分试题的作答与考题内容相关，有关部门已报请公安机关进行调查。教育部已立即报请公安机关调查，如查实将严惩。教育部表示，涉考违法犯罪行为严重破坏考试秩序，损害教育公平公正，教育部门将会同公安等有关部门严格按照《刑法修正案（九）》等法律法规，严

① 女博士因抄袭门被撤销学位起诉北大要求恢复［EB/OL］.［2016-05-24］.http://edu.people.com.cn/n/2015/1014/ c1053-27695971.htm.

厉打击国家教育考试刑事犯罪，绝不姑息。

2. 事件影响

根据教育部的规定，今年考研将特别加强作弊的处罚力度，被称为是“史上最严”的一次研究生入学考试。但就是在法律以及行政命令双管齐下的背景之下，居然还有机构和个人顶风作案。多数考生对于此次试题泄露表示愤怒，还有考生担心此事会导致分数线及录取标准发生波动。对此，有律师表示，考试作弊入刑，法律会追究泄密者、作弊者刑事责任并撤销其考试结果，对大多数正常参加考试的考生而言，法律对其考试结果仍会予以维护[①]。

（九）中国博士后制度改革：禁招领导干部在职进站从事博士后研究

博士后制度是我国培养高层次创新型青年人才的一项重要制度，自 1985 年建立以来，培养了一批高层次创新型人才，取得了一批重要科研成果，为推动科技进步和经济社会发展做出了积极贡献。但与此同时，我国博士后制度还存在定位不够明确、设站单位主体作用发挥不足、培养质量有待提升、招收培养评价办法不够健全、国际化水平不高等问题。

2015年11月30日，《国务院办公厅关于改革完善博士后制度的意见》发布

2015 年 11 月 30 日，《国务院办公厅关于改革完善博士后制度的意见》（简称《意见》）发布，主要包括：总体要求、改革管理制度、完善管理办法、提高培养质量、支持创新创业、做好保障工作。据新华网的报道，《意见》指出，博士后申请者一般应为新近毕业的博士毕业生，年龄应在 35 周岁以下。在职博士后研究人员应以高校、科研院所教学科研人员为主，并严格控制比例。设站单位不得招收党政机关领导干部在职进站从事博士后研究。《意见》提出，到 2020 年，重点高校、科研院所新进教学科研人员和国家重大科技项目中博士后研究人员比例有明显提高，外籍和留学回国博士新进站人数进一步增加，人才吸引效应

① “史上最严”研究生考试疑似泄题［EB/OL］.［2016-05-24］.http://news.163.com/15/1229/03/BBVJRCH500014Q4P.html.

显著增强。《意见》明确，完善博士后日常经费和科研经费投入机制，做好保障工作。自2015年8月1日起，博士后研究人员日常经费标准由每人每年5万元提高到每人每年8万元。地方和设站单位可根据自身情况给予配套投入，支持有条件的地方设立博士后创业基金。鼓励社会基金投入博士后事业。推进博士后公寓建设，鼓励地方和设站单位采取多种方式解决在站博士后研究人员周转住房问题。《意见》指出，提高博士后培养质量，支持博士后创新创业。结合重点科研基地和项目培养，鼓励设站单位围绕博士后研究人员组建科研创新团队。加大博士后国际交流计划实施力度，深入推进全国博士后学术交流活动。依托现有创新示范中心和科研成果转化基地，大力支持博士后研究人员创新创业，调动博士后研究人员创新创业积极性，促进科研成果转化①。

二、质量单位——上海交通大学研究生教育

上海交通大学作为我国最早开展研究生培养的单位之一，近年来在提高研究生教育质量方面持续采取诸多创新举措，收到了较好成效。特别是2015年，该校从研究生招生体制、课程体系、质量监控制度等方面入手，大幅提升研究生教育人才培养质量的举措，值得借鉴。

（一）上海交通大学研究生教育历史沿革

上海交通大学于1931年开始培养研究生，是国内最早招收研究生的大学之一。1984年试办研究生院，1996年正式成立研究生院，2002年在新加坡成立我国高校首个海外研究生院。一直以来，上海交通大学研究生院以培养“具有国际视野和创新能力的未来学者和行业领袖”为目标，围绕学校创建世界一流大学的总体发展目标，突出创新与质量，努力打造具有国际先进水平的研究生教育②。学校从2006年开始酝酿研究生培养机制改革方案，于2007年正式向全校颁布《上

① 中国规定不得招收领导干部在职进站从事博士后研究［EB/OL］.［2016-05-22］. http://news.xinhuanet.com/politics/2015-12/03/c_1117343445.htm.22_13539796.htm.

② 上海交通大学学位与研究生教育质量学年报告2014-2015学年［EB/OL］.（2015-10）［2016-05-23］. http://202.119.24.249/cache/4/03/sjtu.edu.cn/6582394f6f144e3078c46b66a646a432/ACDDD37C8DA8826874E4C68EBF348F76.pdf.

海交通大学研究生培养机制改革办法（试行）》，并从2007年新生入学开始执行改革。2008年5月到12月，学校开展了全校范围内的教育教学思想大讨论。在此基础上，2009年，提出了“知识探究＋能力建设＋人格养成”的“三位一体”育人理念，强调育人工作应当“以学生为中心”，构建“课内与课外相结合、教学与科研相结合”的新型课程体系[①]。2011年3—7月，学校开展了历史上首次全校范围内的“学位与研究生教育思想大讨论”，进一步明确了以改革创新为动力，全面提高研究生教育质量的工作思路，提出了上海交通大学学位与研究生教育的八项改革举措：招生指标分配制度、招考与选拔方式创新计划、导师动态选聘制度、卓越课程建设计划、博士生连贯式培养与分流制度、交叉学科人才培养计划、博士生待遇改善计划、学位留学生促进计划[②]。2015年，上海交通大学研究生教育工作要点明确了研究生教育工作的着力点，主要从研究生招生体制、课程体系、质量监控制度等几个方面入手，大幅提升研究生教育人才培养质量。

（二）改革的主要精神与目的

《国家中长期教育改革和发展规划纲要（2010—2020年）》明确提出要大力推进研究生培养机制改革：建立以科学与工程技术研究为主导的导师责任制和导师项目资助制；推进产学研联合培养研究生的“双导师制”；实施“研究生教育创新计划”；加强管理，不断提高研究生特别是博士生培养质量[③]。在该纲要的指导下，教育部、国家发改委、财政部于2013年联合发布了《深化研究生教育改革的意见》，对研究生教育改革的指导思想和总体要求、招生选拔制度、人才培养模式、导师责权机制、评价监督机制等方面进一步提出了意见。

上海交通大学深入学习贯彻《国家中长期教育改革和发展规划纲要（2010—2020年）》《国家中长期人才发展规划纲要（2010—2020）》《国家教育事业发展第十二个五年规划》，坚定不移地以创建世界一流学科和世界一流大学为目

---

① 张杰．“三位一体”培养创新型领袖人才——上海交通大学人才培养目标探索[J]．国家教育行政学院学报，2010（10）：3-5.

② 杜朝辉，张国栋.上海交通大学研究生培养机制改革的实践与思考[J]．学位与研究生教育，2012（10）：10-14.

③ 国家中长期教育改革和发展规划纲要[EB/OL]．（2010-07-29）[2016-05-24]．http://www.moe.edu.cn/publicfiles/business/htmlfiles/moe/moe_838/201008/93704.html.

标，以改革创新为主线，聚焦内涵与质量，统筹考虑学校中长期发展目标和各阶段建设任务，制定了《上海交通大学2010—2020年中长期发展暨“十二五”规划》①，明确了发展中存在的主要问题及面临的机遇与挑战，并提供了指导思想、建设思路和战略目标。学校坚持“起点高、基础厚、要求严、重实践、求创新”的育人原则，秉持“知识探究＋能力建设＋人格养成”的“三位一体”育人理念，以培养具有国际视野和多元文化背景的创新型领袖人才作为研究生教育改革的根本目标，着力实现学校治理的三大改变：在发展模式上，从行政主导向学术主导转变；在管理模式上，从“校办院”向“院办校”转变；在激励方式上，从学校主导发展向师生自我实现转变。在“研究生教育是强校之路”办学思路的指导下，上海交通大学不断向着建设“综合性、研究型、国际化”的世界一流大学的目标②。

（三）改革的具体措施

1. 人事制度：加强师资引进与管理，完善导师选聘制度

师资水平决定了一所大学的高度。上海交通大学通过以制度激励为核心的师资队伍系列改革，实施“三步走”战略，引育并举、分类发展改革并使引进人才与本土人才逐步实现“并轨发展”。首先，学校于2007年提出“人才金字塔”创新人才成长计划，出台了包括“讲习教授”“特聘教授”“特别研究员”“晨星学者”等一系列人才引进与培养计划，构建了由学术大师、领军专家、青年才俊组成的“人才金字塔”。其次，学校为本土教师设立了3类岗位的分类发展道路，即教学为主型、科研为主型、教学科研并重型，并通过分类考核和分类晋升，构建不同系列的人才成长通道和岗位入口与出口。最后，学校建立了“同台竞技、并轨运行”的师资队伍创新机制，以学术水平学术贡献作为衡量人才的标准，搭建开放、公平的竞争舞台，为现有人才与新进人才的发展提供发展通道，为全体教师进入长聘教职和长聘教轨体系提供同等的发展机会③。

---

① 上海交通大学2010—2020年中长期发展暨“十二五”规划［EB/OL］.［2016-05-24］. http://gk.sjtu.edu.cn/index.php/list/basic-info/2015-10-30-14-44-30/478-2010-2021.

② 张杰. 以全球视野建设研究生教育质量保障体系［J］. 学位与研究生教育，2015（1）：22-23.

③ 上海交大校长张杰 *Nature* 发文阐述中国大学改革［EB / OL］.（2014-10-16）［2016-05-25］. http://news.sjtu.edu.cn/info/1002/352765.htm.

导师是决定研究生学习质量与科研水平的重要因素。上海交通大学不断探索与完善导师选聘制度，取消导师终身制，打破职称限制，建立起以工作岗位为核心的导师动态选评机制。2008 年起，学校建立以学术水平和能力为根本标准的博士生导师动态选聘机制，每年根据研究生招生计划，对需要招收博士生的教师进行条件审核，确定当年招生的导师[①]。学校赋予院系在博士生导师选聘中的自主权，并实施博士生导师招生“封顶”制度。依据不同学科门类、学科性质，设置导师当年招博士生数与累计指导在读博士生上限制，强化博士生导师的聘后管理，建立评选、聘任与考核有机结合的导师选聘机制[②]。

2. 人才培养模式：统筹利用国际与国内、企业与学校有利资源

人才培养是大学最重要的使命。上海交通大学不断创新人才培养模式，具体表现在：①开展各种教育改革试点工作，包括“改革研究生培养模式”及“校企联合培养工程人才新模式”两项国家教育体制改革试点，以及“工程硕士、MBA 和法律硕士”三项专业学位研究生教育综合改革试点工作，建立导师组负责制及以实践应用为导向的专业学位研究生培养模式[③]。2015 年，成为首批获教育部批准试点“深化专业学位研究生教育综合改革”的高校。②创新本校拔尖研究生培养体系。2008 年，开始启动基础学科拔尖人才计划的试点，成立致远学院。2009 年启动卓越人才培养计划，在卓越工程师、医师、法学、农林等方向率先做出尝试。③着力构建多学科集成与交叉的培养环境和机制。设立研究生学科交叉创新基金，支持研究生从事交叉学科课题研究[④]。建立交叉学科平台和交叉学科博士点，鼓励学科交叉培养博士生的创新能力。④不断探索与国家支柱产业共建人才培养基地的新模式。推进校企合作，共建“工程实践教育中心”和“全日制专业学位研究生实践基地”。院系通过科研合作，实现强强联手，优势

---

① 张杰．以全球视野建设研究生教育质量保障体系［J］．学位与研究生教育，2015（1）：22—23.

② 杜朝辉，张国栋.上海交通大学研究生培养机制改革的实践与思考[J].学位与研究生教育,2012(10)：10—14.

③ 上海交通大学学位与研究生教育质量学年报告 2014—2015 学年[EB/OL].(2015-10)[2016-05-23].http://202.119.24.249/cache/4/03/sjtu.edu.cn/6582394f6f144e3078c46b66a646a432/ACDDD37C8DA8826874E4C68EBF348F76.pdf.

④ 杜朝辉，张国栋.上海交通大学研究生培养机制改革的实践与思考[J].学位与研究生教育,2012(10)：10—14.

资源共享，建立校企实践基地 80 余家，推进科研与教学、产学研四位一体的人才培养模式。⑤积极与国外知名大学与机构建立战略合作关系。为提升研究生教育的国际化程度，增强学校国际影响力，学校以项目为抓手，促进与国际一流高校对等的、实质性的双学位工作，支持教师互派、学生互换和学分互认。制订并完善学位留学研究生的培养过程要求和学位标准，根据培养目标调整和设置培养环节。同时，对接国家一带一路战略，学校积极寻求大型企业支持，联合培养留学生[①]。

3. 招生体制：优化生源结构，规范招生过程

招生是研究生培养的“入口”环节，生源是决定研究生培养质量的重要因素。上海交通大学创新研究生招考与选拔方式，不断提高生源质量。比如，规范推免生选拔，增加资格考试等环节；建立并完善博士生跨学科报考平台，方便学生报考；博士生入学考试从关注知识点的考核转向关注科研能力、创新思维、发展潜能及综合素质的考核，并加大复试权重[②]；推行博士生入学申请制，采取提前面试、预录取等方法留住优秀生源；按学科门类制定“博士优质生源标准”，并设置博士生优秀生源专项奖，为有潜力的优秀学生安心在国内学习提供良好条件；建立激励机制，提高硕博连读生、直博生和申请考核入学博士生的比例；建立博士生招生名额补偿机制等。

《上海交通大学 2010—2020 年中长期发展暨“十二五”规划》明确指出，学校将建立能与世界一流大学接轨的人才培养体系，吸引世界各国优秀留学生来校求学，大幅度提高留学生比例。学校坚持“扩大学生规模，提高生源质量，规范管理流程，提升服务水平”的招生准则，全面推进研究生学位留学生工作，改革国际留学研究生的管理机制，确定试点学院，设立“上海交通大学留学研究生教育发展基金”，启用“一站式”报名系统，大幅度提高了学位留学生的招生数量，扩大了招生规模，也提高了生源质量。

---

① 上海交通大学学位与研究生教育质量学年报告 2014—2015 学年[EB/OL].(2015-10)[2016-05-23].http://202.119.24.249/cache/4/03/sjtu.edu.cn/6582394f6f144e3078c46b66a646a432/ACDDD37C8DA8826874E4C68EBF348F76.pdf.

② 杜朝辉，张国栋.上海交通大学研究生培养机制改革的实践与思考[J].学位与研究生教育,2012(10):10—14.

4. 课程体系：开展卓越课程建设计划，完善课程评价制度

课程是研究生培养的重要手段。上海交通大学不断推进和深化研究生课程体系建设，开展卓越课程建设计划，夯实研究生知识基础：实施以创新能力提升为核心的研究生课程体系改革；推进本硕博课程体系贯通建设；推进研究生优质课程资源共享；组建研究生教学指导委员会[①]。学校充分发挥研究生教学指导委员会的作用，对课程体系、课程内容等进行把关，努力推进研究生课程代码统一、课程库资源开放、选课流程再造、学分互换互转等工作，推进一个课程库一个选课系统。推进英语课程教学改革，开设《学术英语》课程，作为所有研究生必修的公共基础课。为培养研究生的思辨能力和综合能力，学校举办“大师讲坛”，把互动式讲座、讨论课、实践课等纳入标准的课程体系。为不断提高课程质量，学校建立了研究生课程评教制度及第三方评价制度，对研究生课程的授课质量进行科学评价。为保障研究生学位留学生培养工作的顺利开展，学校对全英文专业进行合格评估，推进建设紧缺的全英文课程。

5. 学科建设：有选择地追求卓越，优化学校学科布局

“有所为，有所不为”，上海交通大学积极主动调整学科布局，建立有上有下的动态调整机制，加强资源向优势学科聚集，实施学位点退出机制，为研究生培养质量提供基本保障。根据国务院学位委员会《关于开展博士、硕士学位授权和专业学位授权类别动态调整试点工作的意见》和上海市学位委员会《上海市学位授权点动态调整实施方案（试行）》，上海交通大学积极开展学位点动态调整工作。以学位点动态调整工作为契机来优化学科布局，调整学科结构，并制定《一级学科博士（硕士）点动态调整实施方案》，坚持以科学发展观为指导，服务于学校发展战略，坚持标准，保证质量的指导原则开展工作。

围绕服务需求、提高质量的改革主线，学校已于 2011 年、2013 年两次主动撤销了涉及 13 个一级学科的学位点（含 2 个博士点和 11 个硕士点）。2015 年，动态调整增列了 2 个一级学科博士点和 3 个一级学科硕士点。

6. 质量监控：开展学位授权点评估，构建博士生分流淘汰与补偿机制

质量监控体系是保障人才培养质量的关键。上海交通大学积极开展学位授权

① 杜朝辉，张国栋.上海交通大学研究生培养机制改革的实践与思考[J].学位与研究生教育，2012(10)：10—14.

点的专项评估和合格评估，对人才培养质量开展全面地诊断式评估，强化研究生教育质量保障主体意识，建立常态化自我评估制度。学校不断完善博士生培养质保体系，构建分流淘汰与补偿机制。2014 年开始试点施行博士生转硕士生培养的工作，为博士生的分流淘汰奠定了基础。通过院系调研，对博士生资格考试、论文开题报告、年度报告等培养环节建立公开报告制度，在课程学习和考核、科学研究、资格考试、学位论文开题报告、年度汇报等培养过程中分流淘汰，规范培养过程质控环节，健全博士生分流淘汰机制，确认不符合博士生培养条件者，经学生申请，导师同意，经学院（系）审议和研究生院复议，对于符合硕士学位申请条件的，转为硕士生培养，逐步建立解决超长延期博士生问题的长效机制①。为进一步完善学位论文质量过程监控体系，学校推行学位论文评审制度改革，引入博士学位论文国际评审制度，以国际学术标准严格要求博士生，提升博士生的学位论文水平和国际学术竞争力②。“创新机制和举措，提高博士生培养质量”获 2014 年国家级教学成果二等奖。

7. 学业支持：建立各种资助体系和基金项目，兼顾各学科特点和导师需要

为激发研究生的积极性和创造性，高水平地发展研究生教育，上海交通大学建立了以科学研究为主导的导师负责制和以高水平科研项目为引导的与研究生奖助学金体系相结合的导师资助制。改革的具体措施如下。

（1）建立以保证和提高研究生生活待遇为目的的 4 类资助体系。上海交通大学建立了 4 类研究生培养资助体系，保证录取的全部符合资助条件的研究生都可以通过多种方式获得资助。学校统筹国家拨款、学校和院（系）自筹资金、导师科研经费中的人力成本费等各类经费，按照一定的比例和标准，设置研究生奖助学金体系。学校和导师提供助研、助教、助管岗位，设置“三助”津贴资助体系。设置学业优秀奖学金体系，激励研究生做出创新成果。设置助学贷款、困难补助体系，帮助经济困难学生完成学业。

（2）建立以提高研究生培养质量为目标的 4 种创新基金。设置“博士生培养

① 上海交通大学学位与研究生教育质量学年报告 2014—2015 学年［EB/OL］.（2015-10）［2016-05-23］.http://202.119.24.249/cache/4/03/sjtu.edu.cn/6582394f6f144e3078c46b66a646a432/ACDDD37C8DA8826874E4C68EBF348F76.pdf.

② 张杰 . 以全球视野建设研究生教育质量保障体系［J］. 学位与研究生教育，2015（1）：22—23.

扶持基金”，倾斜支持基础、人文社科和农学等学科，以及新引进导师等培养博士生。设置“优秀博士学位论文培育基金”，支持有潜力的优秀博士生进行高质量的学位论文研究，鼓励优秀博士学位论文获得者的导师指导博士生。设置“博士生国际合作交流基金”，支持研究生国外访学、联合培养，以及参加国际学术会议等。设置“交叉学科和产学研联合培养研究生基金”，支持与重要科研单位、企业联合培养研究生，支持新兴学科、交叉学科等培养研究生。

（3）体现学科特点和保证导师基本需要。研究生培养机制改革应体现对导师培养研究生基本需求的保证；体现不同学科的特点和差异性；体现对重点学科、重大科研项目、基础学科、人文社科、农学和交叉学科等，以及优秀导师的倾斜支持①。

三、质量人物——中国科学技术大学潘建伟院士

2016 年 8 月 16 日，由中国科学技术大学潘建伟院士领衔研制的全球首颗量子科学实验卫星“墨子号”成功发射，标志着我国在量子通信领域又迈出重要一步。潘建伟院士在研究生培养中始终坚持以“顶天立地”科研精神引导学生树立为国家服务、为人民服务的成才理念；坚持精英教育理念，落实“一对一”的“导师制”；坚持以人格精神和心灵文化育人；坚持团队合作的研究生培养模式；坚持跟进世界科学前沿动态，密切世界科技合作。为我国社会发展培养出了一大批拔尖创新人才，取得了丰硕的研究成果。

（一）人物简介

潘建伟，男，中国科学院院士，发展中国家科学院院士，中国科学技术大学副校长，中组部首批“千人计划”入选者，中科院量子科学实验卫星先导专项首席科学家，物理学家。1992 年毕业于中国科学技术大学近代物理系，1995 年获该校理论物理硕士学位，1999 年获奥地利维也纳大学实验物理博士学位。作为国际上量子信息实验研究领域开拓者之一，他是该领域有重

① 研究生培养机制改革的相关问题［EB/OL］.（2015-12-03）［2016-05-24］.http://www.gs.sjtu.edu.cn/info/1131/1788.htm.

要国际影响力的科学家，取得了一系列有重要意义的研究成果。其研究成果曾6次入选两院院士评选的“中国年度十大科技进展新闻”、3次入选教育部评选的“年度中国高校十大科技进展”、3次入选科技部评选的“年度中国基础研究十大新闻”、5次入选欧洲物理学会评选的“年度物理学重大进展”、4次入选美国物理学会评选的“年度物理学重大事件”。由于潘建伟及其同事在量子信息实验领域的系统性工作，他分别被重要综述杂志Phys. Rep. 和 Rev. Mod. Phys. 邀请撰写有关量子通信和多光子纠缠操纵的实验综述论文，其中后者是中国大陆科学家在该刊发表的第一篇实验综述论文。潘建伟曾获奥地利科学院施密德奖（Erich Schmid Prize）、德国洪堡基金会索菲亚奖（Sofija Kovalevskaja Award）、欧盟玛丽·居里杰出研究奖（Marie Curie Excellent Research Award）、欧洲物理学会菲涅尔奖（Fresnel Prize）、美国物理学会“贝勒讲席”（Beller Lectureship）、欧盟ERC研究奖（ERC-Research Award）、国际量子通信奖（International Quantum Communication Award）、国家杰出青年科学基金、中科院“杰出科技成就奖”“中国青年科学家奖”、香港求是科技基金会“杰出科学家奖”以及何梁何利基金“科学与技术成就奖”等国内外荣誉奖项或称号。据搜狐教育统计：截至2016年3月，潘建伟已在包括*Nature*（10篇）、*Nature Physics*（7篇）、*Nature Photonics*（9篇）、*PNAS*（2篇）、*Physical Review Letters*（69篇）在内的国际重要学术刊物上发表论文近200篇，被SCI引用近万次。

1997年，27岁的潘建伟和同事在国际上首次以实验实现了量子态隐形传输，打响了他在海外科研的第一炮。这个实验被公认为量子信息实验领域的开山之作。该工作随后与伦琴发现X射线、爱因斯坦建立相对论、沃森和克里克发现DNA双螺旋结构等影响世界的重大科技成果一起入选了《自然》（*Nature*）杂志“百年物理学21篇经典论文”。1999—2001年，潘建伟成功实现三光子（1999）、四光子纠缠态（2001），并利用多粒子纠缠态首次成功地实现了GHZ定理的实验验证（2000）。2004年，潘建伟团队在国际上首次实现五光子纠缠和终端开放的量子态隐形传输，这一成果在当年入选欧洲物理学会和美国物理学会评选出的年度国际物理学重大进展，这对中国科学家来说是第一次，亦是对“中国人在国内也可以做很好的科学”的有力证明。此后，潘建伟团队在物理界一路领跑，取得了一系列具有重要国际影响的研究成果：首次在国际上实现五光子纠缠和终端开放的量子态隐形传输；首次实现具有存储和读出功能的纠缠交换，完美地实现了长程量子通信中亟需的“量子中继器”；首次实验实现了八光子纠缠；首次实验实现了拓扑量子纠错；首次实验实现了百千米量级的自由空间量子隐形传态和纠缠分发，16 千米自由空间量子隐形传态。提出利用现有技术可实现的量子纠缠纯化方案，并完成实验实现。实现突破大气等效厚度的量子纠缠和量子密钥分发。先后实现绝对安全距离超过 100 千米和 200 千米的量子密钥分发及全通型量子通信网络。提出基于冷原子量子存储的高效量子中继器方案，并完成实验实现。利用冷原子系综实现高品质的单光子和纠缠光子的量子存储。利用多光子纠缠实现重要的量子算法和突破经典极限的高精度测量。实现任意子分数统计的量子模拟。

2015 年是丰收的一年，是物理界的里程碑，并标志着中国物理学将跻身于世界劲旅的行列。2 月 26 日，国际顶级科学期刊《自然》以封面标题的形式发表了潘建伟、陆朝阳等人的文章《单个光子的多个自由度的量子隐形传态》（Quantum Teleportation of Multiple Degrees of Freedom of a Single Photon）。该成果打破了国际学术界从 1997 年以来只能传输基本粒子单一自由度的局限，为发展可扩展的量子计算和量子网络技术奠定了坚实的基础。国际量子光学专家沃尔夫刚·蒂特尔（Wolfgang Tittel）教授在同期《自然》撰文评论：“该实验的实现为理解和展示量子物理的一个最深远和最令人费解的预言迈出了重要的一步，并可以作为未来量子网络的一个强大的基本单元。”同年 12 月，该项成果入选欧洲物理学会《物理世界》2015 年度国际物理学领域的十项重大突破，且位居榜首。2016 年初，再创佳绩。据《光明日报》报道，中国科学技术大学潘建伟、陆朝阳团队在国际上首次实现基于半导体量子点的高效率和高全同性的单光子源，首次同时解决了单光子源的 3 个关键问题，成为目前国际上综合性能最优秀的单光子源。1 月 8 日，新华社记者报道，潘建伟、陆朝阳等“多光子纠缠及干涉度量”团队摘得 2015 年度国家自然科学奖一等奖。潘建伟表示，未来京沪干线大尺度光纤量子通信骨干网的建成与全球首科量子科学实验卫星的发射，可初步构建中国的广域量子通信体系，为率先建成全球化的量子通信卫星网络奠定基础。

（二）研究生教育创新成果及影响

潘建伟院士在研究生培养方面有新颖独到的思想和做法。主要表现在5个方面：①坚持以“顶天立地”科研精神引导学生树立为国家服务、为人民服务的成才理念。“科学研究不仅要仰望星空，也要脚踏实地。”“我们不仅要关注原始创新，也要鼓励成果转化，为国计民生多做些工作，让普通老百姓享受科技带来的利益。我们的团队正在朝着这个方向努力。”②坚持精英教育理念，落实“一对一”的“导师制”。“精英肯定是‘一对一’教出来的。”“剑桥、牛津的导师制就很好。每个老师带几个学生，大量时间可以跟学生聊天。”③坚持跟进世界科学前沿动态，密切世界科技合作。“我们必须与国际先进小组保持密切联系，向他们学习，才能更快地前进。”④坚持团队合作的研究生培养模式。“科研需要群体作战，不能单打独斗”。无论是在国外还是国内，科研都需要发挥团队成员相互合作的重要作用。⑤坚持以人格精神和心灵文化育人。“我要在中国建一个和您（奥地利因斯布鲁克大学，第一次见面，导师塞林格）的实验室一样的世界领先的量子光学实验室。”因为“心灵约定”，分布在全世界的留学生愿意跟随导师回国做科学研究，而且真正做出了杰出的贡献。

潘建伟院士团队在研究生教育实践的创新反映在3个方面：一是创立“一对一”精英教育模式，成功实现了拔尖创新人才从“国外培养”到“国内培养”的研究生教育目标；二是创新“团队研究生培养和组织模式”，构建以“国际先进小组”为交流对象的国际高端学术交流平台，并以此培养和吸引优秀人才；三是坚持以人格精神塑造人格精神，以“心灵约定”引导拔尖创新人才加入建设强大国家的科研队伍，不断打造世界一流师资团队。

潘建伟院士团队开展的一系列研究生教育实践取得了丰硕的战果。一是培养出了一大批拔尖创新人才，据不完全统计，潘建伟院士在国内指导博士研究生43人。其中，27人已经获得博士学位，并有两人的学位论文获得“全国优秀博士学位论文奖”，一些人获得国内外学术成就奖。例如，2004年获得博士学位的陈宇翱，现为中国科学技术大学教授，其成就十分显著，曾获得欧洲物理学会颁发的2013年度“菲涅尔奖”；是2013年中国科学年度新闻人物获奖者之一；获得2016年度陈嘉庚青年科学奖数理科学奖，一次入选《自然》年度十大科技亮点，两次入选欧洲物理学会“年度物理学亮点”，两次入选美国物理学会“年度物理学重大事件”，5次入选由两院院士评选出的“中国十大科技进展新闻”。二是所指导的研究生不少都取得了一批世界水平的科研成果。一些研究生的科研成果在《自然》等国际一流学术期刊上发表，并获得重要奖项。例如，2010年博士毕业的陆朝阳，在 *Reviews of Modern Physics*（1篇），*Nature*（3篇），*Nature Physics*（3篇），*Nature Photonics*（3篇），*Nature Nanotechnology*（两篇），*PNAS*（3篇），*Physical Review Letters*（14篇）等国际顶级学术期刊发表论文36篇，被美国科学引文索引（SCI）引用1800余次。三是所指导的毕业研究生已经成长为学术骨干和领军人物，许多人担任博士研究生指导教师，并指导研究生继续发表重要学术成果。有的博士生毕业后即加入潘院士科研团队，为国家科学技术的发展做出了重要贡献。四是发挥了良好的教育示范作用。已经形成了以服务国家为宗旨、以人才培养为核心、以知识真理为追求、以成果转化和服务社会为归宿的良性循环模式，并培育了大批优秀学生和大量科研成果，为我国研究生教育改革和发展提供了丰富的经验和重要的启示。

第四章　省域研究生教育质量评价

当前，我国研究生教育管理体制重心不断下移，逐步由“中央主导”走向“省级统筹”。2014 年，国务院学位委员会与教育部共同签发的《关于加强学位与研究生教育质量保证和监督体系建设的意见》指出：“省级教育行政部门要加大对本地区学位与研究生教育质量的监管力度，做好硕士学位授权点合格评估、省级重点学科评选、硕士学位论文抽检、优秀学位论文评选等工作。”同年发布的《开展博士、硕士学位授权学科和专业学位授权类别动态调整试点工作的意见》指出：“省自治区、直辖市学位委员会制定学科发展规划，指导本地区学位授权点动态调整。制定支持政策，引导学位授予单位根据区域经济社会发展需要撤销和增列学位授权点。”2016 年，教育部办公厅又发布《关于开展扩大省级政府硕士生计划管理统筹权改革试点工作的通知》，这充分表明省级政府在省域研究生教育发展规划和质量保障方面日益担负着重要责任。

同时，省级政府也逐步加强对省内研究生教育质量的关注。上海、福建和甘肃等省、直辖市，在近两年纷纷建立年度报告制度，依靠汇总域内各培养单位的数据进行分析以评价省域研究生教育质量。本报告基于客观、可比的指标体系对各省研究生教育质量进行评价。

一、省域研究生教育质量评价的指标体系设计

（一）指标体系设计应遵循的原则

省域研究生教育质量评价与其他教育质量评价存在着显著不同：第一，研究生教育是一国教育体系的顶端，担负着高层次人才培养的重要任务，相较于其他层次的教育具有其独特的质的规定性，故指标体系的设计应密切把握研究生教育的层次特色；第二，“省域”的研究生教育质量评价和一般意义上的研究生教育质量评价存在着显著不同，省域质量并非仅仅是省内个体质量的加总，它还具有

一种整体性的含义——将一省研究生教育发展放置于整个省域经济社会发展的背景下加以审视。因此，省域研究生教育质量评价须遵循以下原则。

1. 统筹研究生教育的活动属性和事业属性

作为一种人才培养的活动，研究生教育质量体现为培养活动是否完成培养目标，即毕业的研究生是否养成了坚实（或坚实宽广）的基础理论和系统（或系统深入）的专业知识。因此，域内研究生培养活动开展的质量是构成省域研究生教育质量的基础。

另一方面，作为域内千千万万研究生培养活动的统一体，研究生教育与医疗、卫生等都是一国或一地区的公共事业，对所在区域的经济社会发展产生着重要影响。故省域研究生教育质量也体现在省域研究生教育对一省经济社会发展所做出的贡献上。因此，须在评价中全面把握研究生教育的活动属性和事业属性。

2. 统筹研究生培养的条件质量与结果质量

从当前研究生教育质量的评价来看，很多研究关注研究生培养所依托的条件质量，例如学位点是否有高水平的教师、有充足的经费投入等。条件质量的评价易于量化且顺利实现机构、区域之间的共时性对比和历时性对比。但另一方面，研究生培养的结果质量更应该被重点关注。虽然人才培养的结果难以被量化，但一些显性的指标或多或少也能够反映培养出的研究生质量。例如，学位论文的达标率或优秀率，研究生获得各级各类奖励的比例等。因此，在指标体系设计中须全面把握研究生培养的条件质量与结果质量。

3. 统筹指标设计的“理论解构”和“数据驱动”

任何指标体系的设计必须要建立在坚实的理论基础上，基于理论来寻找可测度的工具。但另一方面，数据的可得性对指标选择提出了很大的挑战，许多现实呈现研究生培养过程的客观数据必须通过大规模的调研或是院校自我统计来获得，高昂的成本大大制约了数据可得性。同时，调研数据或院校自我报告数据也可能存在着一定误差。

因此，本研究对省域研究生教育质量评价的指标设计应采取“理论解构”和“数据驱动”相结合的指标构建模式。首先，在理论上考虑不同纬度应纳入的指标；同时，结合已公开的统计年鉴或政府报告考察这些指标中哪些可以获得相应数据，从而顺利实现指标的量化。为此，需要综合理论的合理性和数据的可得性两个方面来建构省域研究生教育质量的指标体系。

4. 统筹质量评价中的绝对指标和相对指标

由于质量是独立于规模的概念，因此在选取表征研究生教育质量的指标时，应尽可能排除规模对表征质量的指标数值的影响。例如，中国学位与研究生教育学会会长赵沁平院士认为："教学与科研相结合是研究生教育的一条基本规律。"一省参与科学研究的研究生数应当是一项反映省域研究生教育质量的重要指标。但该指标受研究生教育规模的影响很大，故在处理时，将其除以所在区域的在校研究生总数，从而将其转换为相对指标。但对于具有高度竞争性，又与在校研究生规模关系不太密切的指标，例如研究生培养所获得奖励、竞争性科研项目（如自科基金和社科基金）的获得，则应考虑以绝对指标为宜。

（二）指标体系的主要内容

按照教育学的基本理论，教育质量的高低可密切反映在教育功能的发挥上。教育功能分为本体功能和派生功能。本体功能是指教育的育人功能，派生功能是指教育的社会功能，包括经济功能、政治功能、文化功能等。

本研究认为省域研究生教育质量评价的可将教育功能的发挥作为重要的观测点：①首先关注研究生教育的本体功能，重中之重是全面考察研究生的培养条件和所培养的研究生的能力素质水平；②同时纳入派生功能，考察研究生教育对所在省域在提高人口素质，促进经济增长方面所起的推动作用。基于此本研究提出省域研究生教育质量评价指标体系，详见表 4-1。

表4-1　省域研究生教育质量评价指标体系（理论的指标体系）

维度	一级指标	二级指标	观测点
人才培养	培养条件	经费支出情况	生均高等学校研发（R&D）经费支出
		竞争性科研项目情况	（1）自然科学基金获得数（含重大、重点和面上项目） （2）社会科学基金（含重大、重点和面上项目）
		学科平台水平	（1）进入ESI排名前10%的学科比例 （2）进入第三轮学科评估排名前10%的学科比例

续表

维度	一级指标	二级指标	观测点
人才培养	培养条件	导师队伍情况	（1）硕士生生师比；（2）博士生生师比 （3）研究生生师比
		教育规律的探索情况	（1）发表于中文社会科学引文索引（CSSCI）期刊上的研究生教育领域的论文数 （2）中国学位与研究生教育优秀成果奖数（研究类）
	培养成果	研究生科研参与情况	（1）拥有科学研究经历的学术学位在校研究生比例 （2）学术学位研究生参与不同层次的科研项目数 （3）学术学位研究生参与的各类学术会议数
		研究生专业实践情况	用人单位对专业学位研究生实践质量的评价
		全国性竞赛获奖数	（1）研究生数学建模竞赛获奖数 （2）研究生电子设计竞赛获奖数 （3）研究生智慧城市技术与创意大赛获奖数 （4）研究生在“挑战杯”大赛中的获奖数
		学位论文质量	（1）博士学位论文抽检合格率 （2）硕士学位论文抽检合格率
		培养成果获奖情况	中国学位与研究生教育优秀成果奖数（实践类）
社会贡献	文化贡献	对劳动力人口受教育程度的影响	劳动力人口中具有研究生学历的人数比例变化
	科学贡献	对科学研究成果的产出和应用情况	（1）研究生的学术论文发表数 （2）研究生申请的专利数
	经济贡献	对经济增长的影响	研究生人力资本对经济增长的贡献率

结合现有可得的数据，只能选取部分指标进行评价，故基于数据的指标体系见表 4-2。需要特别说明的是，各指标的原始数据均来源于国家公布的各类年鉴、发展报告或具有公信力的第三方组织的官方网站。由于各指标数据更新的速度不同，部分指标最新数据更新至 2015 年，部分仅更新至 2013 年。为尽可能保障数据的时效性，本报告均选取在 2016 年 4 月 31 日前各指标公布的最新数据。

表4-2　省域研究生教育质量评价指标体系（基于数据的指标体系）

维度	一级指标	二级指标	观测点
人才培养	培养条件	经费支出	生均高等学校研发（R&D）经费支出
		竞争性科研项目	（1）自然科学基金获得数（含重大、重点和面上项目） （2）社会科学基金获得数（含重大、重点和面上项目）
		学科平台水平	（1）进入ESI排名前10%的学科比例 （2）进入第三轮学科评估排名前10%的学科比例
		导师队伍	（1）硕士生生师比；（2）博士生生师比 （3）研究生生师比
		教育规律的探索	（1）发表于中文社会科学引文索引（CSSCI）期刊上的研究生教育领域的论文数 （2）中国学位与研究生教育优秀成果奖数（研究类）
	培养成果	研究生参与科研	拥有科学研究经历的学术学位在校研究生比例
		全国性竞赛获奖数	（1）研究生数学建模竞赛获奖数 （2）研究生电子设计竞赛获奖数 （3）研究生智慧城市技术与创意大赛获奖数 （4）研究生在“挑战杯”大赛中的获奖数
		学位论文质量	博士学位论文抽检合格率
		培养成果获奖情况	中国学位与研究生教育优秀成果奖数（实践类）
社会贡献	文化贡献	对劳动力人口受教育程度的影响	劳动力人口中具有研究生学历的人数比例变化
	科学贡献	对经济增长的影响	研究生人力资本对经济增长的贡献率

（三）各项数据预处理方法

由于各指标存在着单位不同、量纲不一且性质不同的现象，因此我们需要将各指标转为标准化的得分，从而加以比较。本研究将各指标转化为正指标后对其进行标准化，其数值的转化方法如下：

$$y_i = 60 + 40 \times \frac{x_i - \min\{x_1, x_2, \cdots, x_n\}}{\max\{x_1, x_2, \cdots, x_n\} - \min\{x_1, x_2 \cdots, x_n\}}$$

二、分指标的省域研究生教育质量排名

本节将基于上文提出的省域研究生教育质量评价的指标体系对各省研究生质量进行排名。需要说明的是，由于无法区别省属高校和部属高校的相关数据，同一省域内所有数据均指本省域内省属大学和部属大学的数据之和。当然，本报告课题组也认为：省域研究生教育质量评价的统计口径应同时包括省属大学和部属大学。部属大学虽然在管理体制上与省属大学不同，但也是一省研究生教育竞争力的集中体现，也对一省经济社会的发展做出了重要贡献。

（一）人才培养排名

人才培养排名是对各省研究生培养所具备的条件以及培养所取得效果进行评价。培养条件的评价对象为研究生培养所需的人、财、物等方面的支撑条件，指标包括：生均高等学校研发（R&D）经费投入、生师比、高度竞争性的科研项目（自然科学基金、社会科学基金）获得数。同时，本研究将对各省进入国内外学科排名（ESI 排名和学位中心的学科评估排名）前 10% 的学科比例进行分析，以反映一省学科的优秀率。此外，本研究将考察各省在研究生教育规律的研究上所获得的成果，故将各省发表于高等教育类中文社会科学引文索引（CSSCI）期刊上的研究生教育领域的论文数以及各省所获的中国学位与研究生教育优秀成果奖（研究类）成果数纳入分析范围。

培养成果的评价指标包括 4 个方面：研究生科研参与情况、学位论文质量、全国性竞赛获奖数以及获得研究生教育领域最高级别奖励的培养成果获奖。

当然，在学研究生满意度、就业率、硕士学位论文抽检的合格率等指标也应是评价指标体系中不可或缺的一部分，但限于数据的可得性，并未纳入今年指标。

1. 人才培养的条件排名

生均 R&D 经费支出反映的是研究培养所具备的经费基础。生均支出越高，说明经费基础越牢固。从生均 R&D 经费支出来看，得分最高的为天津，其高等

学校 R&D 经费内部支出达到 57.14 亿，生均 R&D 经费支出达到 11.12 万元（表 4–3）。其次为浙江，其高等学校 R&D 经费内部支出达到 49.76 亿，生均 R&D 经费支出达到 8.22 万元。作为高等教育 R&D 经费内部支出总量最多地区北京（145.66 亿）、上海（71.60 亿）和江苏（88.44 亿），由于其在校研究生人数也最多，故其生均 R&D 经费支出仅分别为 4.86 万元、5.36 万元和 5.87 万元。此外，宁夏表现值得关注，其生均 R&D 经费支出达到 5.06 万元，位列第 8。

最高的为天津生均R&D经费支出达到11.12万元

表4–3　2014年31个省、自治区、直辖市生均R&D经费支出排名

省份	高等学校R&D经费内部支出/万元	在校研究生数/人	生均R&D经费支出/元	得分	排名
天津	571442	51410	111153.77	100.00	1
浙江	497563	60510	82228.16	87.46	2
江苏	884383	150690	58688.93	77.25	3
广东	498188	86568	57548.72	76.76	4
黑龙江	350330	61174	57267.84	76.64	5
安徽	265836	46590	57058.64	76.55	6
上海	716015	133526	53623.65	75.06	7
宁夏	20919	4130	50652.17	73.77	8
四川	439285	87826	50017.70	73.49	9
河南	169998	34760	48906.20	73.01	10
北京	1456552	299455	48640.11	72.90	11
辽宁	423061	92575	45699.28	71.62	12
山东	331474	74313	44605.17	71.15	13
贵州	61025	14667	41607.32	69.85	14
湖北	470151	115110	40843.63	69.52	15
湖南	268965	66293	40572.09	69.40	16

续表

省份	高等学校R&D经费内部支出/万元	在校研究生数/人	生均R&D经费支出/元	得分	排名
青海	12077	3035	39793.82	69.06	17
海南	16348	4168	39223.63	68.81	18
陕西	381434	98354	38781.79	68.62	19
山西	106856	27962	38214.78	68.38	20
吉林	214631	57670	37217.02	67.94	21
江西	100738	27660	36419.97	67.60	22
广西	93135	25888	35976.07	67.41	23
重庆	168264	48979	34354.37	66.70	24
河北	111999	38293	29247.84	64.49	25
福建	114002	39312	28999.23	64.38	26
云南	86506	30980	27923.24	63.91	27
西藏	3693	1428	25863.34	63.02	28
甘肃	73059	29080	25123.28	62.70	29
内蒙古	40934	17278	23691.18	62.08	30
新疆	32586	17246	18895.09	60.00	31

备注：数据来源：高等学校 R&D 经费内部支出（2014）来源于《中国科技统计年鉴（2015）》；在校研究生数（2014）来源于《中国学位与研究生教育发展年度报告（2015）》

高度竞争性科研项目的获得反映的是一省科学研究的积累和水平，也反映了研究生培养所具备的科研条件高低。高度竞争性的科研项目无论是在选题方向，还是研究设计上都经过了反复论证，且结题程序规范、科学性较高。若研究生能够参与到此类高质量的科研项目中，将会对其科研能力发展产生重要的促进作用。

报告所选取的两大高度竞争性科研项目为国家自然科学基金和国家社科基金，排名结果见表 4–4。得分第一的为上海，它在 2015 年国家社科基金重大项目的申报中获得 40 项资助，同时也在国家自然科学基金的重大项目申报中获得 2 项资助。北京在 2015 年国家自然科学基金重大项目的申报中获得 10 项资助，但在国家社科基金的重大项目中仅获 6 项资助。本报告将人文社科和自然科学视为同等重要，分别将自科基金和社科基金经费数进行标准化后再计算其平均数获得最后得分，由于北京在 2015 年社科基金获得方面与上海差距显著，故其总得分屈居第三。湖北在社科基金的重大项目申报中获得 21 项资助，故其总排名位列第四。民族地区虽然总体表现平平，但内蒙古和宁夏均在社科基金重大项目中获得资助，这表明该两地区在科学研究和研究生培养上存在鲜明的地域特色。

得分第一的上海获得40项国家社会科学基金重大项目资助

表4–4　2015年31个省、自治区、直辖市高度竞争性的科研项目获得排名

省份	国家自然科学基金					国家社会科学基金					总得分	排名
	重大	重点	面上	经费	得分	重大	重点	面上	经费	得分		
上海	2	80	1831	135903	79.11	40	38	200	7530	100.00	100.00	1
北京	10	201	3375	284382	100	6	5	53	1450	66.96	91.76	2
江苏	1	63	1726	124532	77.51	19	30	191	5435	88.61	91.19	3
湖北	0	30	1101	76418	70.75	21	27	160	5025	86.39	85.10	4
广东	0	27	1184	79282	71.15	20	22	113	4065	81.17	81.83	5
浙江	0	22	844	57131	68.03	14	18	132	3730	79.35	78.48	6
山东	0	19	702	48063	66.76	8	7	126	2775	74.16	74.10	7
湖南	0	12	551	36374	65.11	8	12	120	2860	74.62	73.29	8
陕西	1	26	780	56887	68	12	9	67	2280	71.47	73.12	9
四川	1	23	561	42615	65.99	10	11	79	2370	71.96	72.09	10
天津	0	19	471	34069	64.79	10	12	53	2015	70.03	69.96	11
辽宁	1	18	615	44231	66.22	5	3	68	1525	67.36	69.12	12
吉林	2	9	324	26290	63.69	10	7	63	1990	69.89	69.12	13

续表

省份	国家自然科学基金					国家社会科学基金					总得分	排名
	重大	重点	面上	经费	得分	重大	重点	面上	经费	得分		
重庆	0	10	386	25900	63.64	6	12	68	1920	69.51	68.83	14
河南	0	4	268	17124	62.41	1	12	105	2075	70.35	68.57	15
安徽	1	17	502	37991	65.34	2	3	65	1240	65.82	67.48	16
福建	0	12	340	23880	63.36	1	12	67	1505	67.26	67.11	17
黑龙江	0	13	433	30061	64.23	0	4	55	965	64.32	65.71	18
江西	0	2	37	2884	60.4	3	4	77	1535	67.42	65.22	19
河北	0	3	124	8170	61.15	3	7	44	1145	65.3	64.29	20
云南	1	1	95	7577	61.06	5	1	47	1140	65.27	64.20	21
甘肃	0	8	167	13357	61.88	2	3	37	820	63.53	63.58	22
广西	0	1	45	3116	60.43	2	2	42	860	63.75	62.75	23
新疆	0	2	44	3373	60.47	1	4	41	835	63.61	62.68	24
贵州	0	1	34	2628	60.37	2	6	27	775	63.29	62.39	25
山西	0	0	125	7649	61.07	0	4	26	530	61.96	61.97	26
宁夏	0	0	5	300	60.04	2	0	13	355	61.01	60.62	27
内蒙古	0	1	13	1120	60.15	3	0	0	240	60.38	60.27	28
青海	0	0	11	683	60.09	0	1	14	245	60.41	60.25	29
西藏	0	0	1	25	60	0	0	13	195	60.14	60.01	30
海南	0	0	14	929	60.13	0	1	9	170	60	60.00	31

备注：①国家自然科学基金的项目数和资助经费数据来源：《国家自然科学基金会 2015 年度报告》http://www.nsfc.gov.cn/nsfc/cen/ndbg/2015ndbg/index.html；国家自然科学基金项目综合查询网站 https://isisn.nsfc.gov.cn/egrantindex/funcindex/prjsearch-list；②国家社科基金项目数来源于国家社科基金项目数据库 http://fz.people.com.cn/skygb/sk/index.php/Index/；经费数据按照普通项目 18 万元、重点项目 30 万元以及重大项目 60 万元总计得出；③本报告认为自然科学和社会科学同等重要，因此，总得分是社会科学基金和自然科学基金分别计算标准化得分后的平均数

本报告选取基本科学指标数据库（ESI）排名前 1%（简称 ESI 排名）和第三轮学科评估排名前 10% 学科（简称学位中心排名）作为优秀学科，以反映各省市学科平台的质量。由于 ESI 排名主要看重在 SCI/SSCI 期刊上的发文量、被引频次以及篇均被引，指标较为局限，且我国学者（特别是人文社科学者）主要在国内期刊上发表论文，故在征求相关专家意见的基础上，赋予基于学位中心排名所计算的学科优秀相对系数 0.65 的权重，赋予基于 ESI 排名所计算的学科优秀相对系数 0.35 的权重，并以此加权得到优秀相对系数值，并通过标准化得到各省得分，见表 4–5。

北京入选的优秀学科的数量最多，当之无愧第一

按照各省入选的绝对数来看，北京的数量最多，当之无愧第一。但将省内一级学科博士点的规模考虑在内，按照优秀学科数与一级学科博士点数的比例来考察各省学科平台的质量时，北京屈居第三，浙江跃居第一。浙江在学位中心排名中有 30 个学科入选，在 ESI 排名中有 28 个学科入选，而省内仅有 83 个一级学科博士点。因此其加权优秀相对系数（计算方法见表格备注）为 35.42，高于北京上海，位列第一。

各省学科平台的质量时，北京屈居第三，浙江跃居第一

值得关注的是排名 13 的甘肃，虽然它在学位中心排名中仅有 3 个学科入选，在 ESI 排名中有 13 个学科入选，但省内一级学科博士点较少（仅有 45 个），故加权优秀的相对系数相对靠前，为 14.44。

甘肃省在ESI排名中有13个学科入选

表4–5　2015年31个省、自治区、直辖市学科平台质量排名

省份	优秀学科数		一级学科博士点数	学科优秀相对系数		加权优秀相对系数	得分	排名
	学位中心	ESI		学位中心	ESI			
浙江	28	32	83	33.73	38.55	35.42	100.00	1

续表

省份	优秀学科数		一级学科博士点数	学科优秀相对系数		加权优秀相对系数	得分	排名
	学位中心	ESI		学位中心	ESI			
上海	69	74	211	28.91	32.70	33.53	97.76	2
北京	164	100	525	31.24	19.05	26.97	90.37	3
湖北	43	43	180	23.89	23.89	23.89	86.90	4
天津	20	19	85	23.53	22.35	23.12	86.03	5
江苏	51	77	276	18.48	27.90	21.78	84.52	6
广东	21	40	139	15.11	28.78	19.89	82.40	7
安徽	10	20	73	13.70	27.40	18.49	80.83	8
山东	11	38	113	9.73	33.63	18.10	80.38	9
湖南	22	23	128	24.22	17.19	17.46	79.66	10
黑龙江	14	18	95	14.74	18.95	16.21	78.26	11
甘肃	3	13	45	6.67	28.89	14.44	76.27	12
四川	14	20	115	12.17	17.39	14.00	75.77	13
福建	8	15	79	10.13	18.99	13.23	74.90	14
辽宁	10	23	116	8.62	19.83	12.54	74.13	15
重庆	8	9	71	11.27	12.68	11.76	73.25	16
吉林	9	13	91	9.89	14.29	11.43	72.87	17
陕西	13	28	177	7.34	15.82	10.31	71.61	18
江西	1	5	25	4.00	20.00	9.60	70.81	19
云南	2	2	34	5.88	5.88	5.88	66.62	20
河南	2	5	59	3.39	8.47	5.17	65.82	21
河北	0	6	58	0.00	10.34	3.62	64.08	22
广西	0	2	22	0.00	9.09	3.18	63.58	23
山西	0	4	46	0.00	8.70	3.05	63.43	24
海南	0	0	9	0.00	0.00	0.00	60.00	25
贵州	0	0	14	0.00	0.00	0.00	60.00	

续表

省份	优秀学科数		一级学科博士点数	学科优秀相对系数		加权优秀相对系数	得分	排名
	学位中心	ESI		学位中心	ESI			
青海	0	0	4	0.00	0.00	0.00	60.00	25
内蒙古	0	0	25	0.00	0.00	0.00	60.00	
西藏	0	0	3	0.00	0.00	0.00	60.00	
宁夏	0	0	8	0.00	0.00	0.00	60.00	
新疆	0	0	24	0.00	0.00	0.00	60.00	

备注：①进入 ESI 学科数来源于汤森路透网站，检索时间为 2015-12-01，简称为“ESI”；②第三轮学科评估排名前 10% 学科数来源于教育部学位与研究生教育发展中心网站，检索时间为 2016-03-15，简称为“学位中心”，一级学科博士点数来源于《中国学位与研究生教育发展年度报告（2015）》；③学科优秀相对系数 = ESI 优秀学科数（学位中心优秀学科数）/ 一级学科博士点数 ×100；④加权优秀相对系数 = ESI 学科优秀相对系数 ×0.35+ 学位中心学科优秀相对系数 ×0.65；⑤得分为加权优秀相对系数的标准化得分

研究生生师比最低的前四位为河南、青海、海南和宁夏

按照生师比对各省进行排名，研究生生师比最低的前四位为河南、青海、海南和宁夏，他们生师比均低于 4，这意味不超过 4 位研究生就可以拥有 1 位研究生导师。而在北京，平均每 5 位研究生才拥有 1 位研究生导师，在上海，平均每 6.71 位研究生才能拥有 1 位研究生导师。因此，从某种意义上讲，研究生聚集的省域师资数量反而相对较少，研究生稀少的省域师资力量相对较为充足。值得提醒的是排名最后一位的吉林，其生师比最高，为 7.14，这意味着平均超过 7 位研究生才能有 1 名导师指导，见表 4-6。

排名最后一位的吉林，其生师比最高，为7.14

表4-6　2014年31个省、自治区、直辖市生师比排名

省份	博士生师比	硕士生师比	研究生生师比	得分	排名
河南	1.49	3.31	3.38	100.00	1
青海	0.77	3.56	3.49	98.74	2
海南	1.12	3.53	3.7	96.54	3
宁夏	1.95	3.73	3.77	95.86	4
新疆	1.96	4.05	4.16	92.50	5
山东	3.12	3.87	4.32	91.30	6
江西	1.73	4.26	4.37	90.94	7
广西	1.84	4.26	4.37	90.94	
贵州	2.75	4.31	4.42	90.59	9
河北	2.94	4.4	4.58	89.52	10
内蒙古	3.21	4.34	4.59	89.46	11
云南	2.79	4.46	4.8	88.17	12
西藏	0.76	4.82	4.82	88.05	13
福建	3.23	4.38	4.92	87.48	14
北京	3.71	3.97	5.04	86.83	15
广东	3.69	4.46	5.14	86.30	16
山西	3.42	4.79	5.16	86.20	17
浙江	4.28	4.48	5.39	85.08	18
黑龙江	3.88	4.59	5.43	84.90	19
安徽	3.71	5.03	5.59	84.19	20
湖南	4.93	4.94	5.9	82.92	21
江苏	3.94	5.2	5.96	82.68	22
甘肃	3.81	5.33	5.96	82.68	23
天津	4.19	5.54	6.06	82.31	24
重庆	3.96	5.55	6.14	82.02	25
湖北	4.36	5.38	6.25	81.63	26

续表

省份	博士生师比	硕士生师比	研究生生师比	得分	排名
辽宁	4.89	5.49	6.34	81.32	27
四川	4.43	5.68	6.43	81.03	28
陕西	4.32	5.58	6.53	80.70	29
上海	4.19	5.81	6.71	80.15	30
吉林	5.45	7.34	7.14	78.94	31

备注：①研究生导师可分为博士研究生导师（以下简称博士导师）、硕士研究生导师（以下简称硕士导师）和博士研究生硕士研究生导师（以下简称博士、硕士导师）3 种类型，博士导师仅指导博士研究生，硕士导师仅指导硕士研究生，博士、硕士研究生导师既指导博士研究生也指导硕士研究生。②在学研究生数为全口径，包括不同类型、不同形式和不同层次的研究生；③博士生师比 = 在校博士研究生数 /（博士生导师数 + 博士生硕士生导师数）；硕士生师比 = 在校硕士研究生数 /（硕士生导师数 + 博士生硕士生导师数）；研究生导师数 = 硕士生导师数＋博士生导师数＋博士生硕士生导师数；研究生生师比 = 在校研究生总数 /（硕士生导师数＋博士生导师数＋博士生硕士生导师数）；④数据来源于《中国学位与研究生教育发展年度报告（2015）》；⑤由于生师比不存在绝对 0 点，故标准化得分的方式略有不同，其公式为 $y_i=60+40\times(x_i/x_{\max})/(x_{\min}/x_{\max})$

研究生教育规律的探索情况在一定程度可反映一省研究生培养和管理的科学化水平。本报告衡量一省研究生教育规律探索情况的指标有两项：一为在主要的高教类 CSSCI 期刊上所发表的研究生教育领域的相关论文，二为获得首届“中国学位与研究生教育优秀成果奖”中教育研究类的相关成果。

北京发表在教育类CSSCI期刊上的学术论文数量几乎是第二名江苏的两倍

从各省研究生教育规律探索的情况来看，北京是当之无愧的第一名，其发表在教育类 CSSCI 期刊上的学术论文数量几乎是第二名江苏的两倍，与第二名江苏、第三名上海和第四名广东所发表的论文之和基本相当。而教育研究类“中国学位与研究生教育优秀成果奖”也集中在北京，北京两项成果获得一等奖。这说明当前研究生教育研究的主阵地在北京，北京作为研究生聚集的第一大省，在长期的研究生培养中形成了许多宝贵的经验。民族地区在研究生教育规律探索的积累尚浅，仅有内蒙古和新疆两省在主要的高教类 CSSCI 期刊上发表了 1 篇研究生教育领域的论文，见表 4–7。

北京是研究生聚集的第一大省

表4–7　2014年31个省、自治区、直辖市教育规律探索的排名

省份	学位与研究生教育CSSCI论文/篇	中国学位与研究生教育优秀成果奖（研究类）		加权数	得分	排名
		一等奖	二等奖			
北京	148	2	1	198	100.00	1
江苏	77	0	1	87	77.58	2
上海	32	0	0	32	66.46	3
广东	32	0	0	32	66.46	4
湖北	30	0	0	30	66.06	5
湖南	19	0	1	29	65.86	6
安徽	28	0	0	28	65.66	7
浙江	26	0	0	26	65.25	8
陕西	21	0	0	21	64.24	9
重庆	14	0	0	14	62.83	10
四川	14	0	0	14	62.83	11
天津	13	0	0	13	62.63	12
河北	11	0	0	11	62.22	13
吉林	11	0	0	11	62.22	
黑龙江	11	0	0	11	62.22	
山东	11	0	0	11	62.22	
辽宁	10	0	0	10	62.02	17

续表

省份	学位与研究生教育CSSCI论文/篇	中国学位与研究生教育优秀成果奖（研究类）		加权数	得分	排名
		一等奖	二等奖			
福建	7	0	0	7	61.41	18
广西	6	0	0	6	61.21	19
江西	5	0	0	5	61.01	20
甘肃	5	0	0	5	61.01	
贵州	3	0	0	3	60.61	22
山西	2	0	0	2	60.40	23
河南	2	0	0	2	60.40	24
海南	2	0	0	2	60.40	
云南	2	0	0	2	60.40	
内蒙古	1	0	0	1	60.20	27
新疆	1	0	0	1	60.20	
西藏	0	0	0	0	60.00	29
青海	0	0	0	0	60.00	
宁夏	0	0	0	0	60.00	

备注：①本研究检索的教育类 CSSCI 期刊包括《学位与研究生教育》《研究生教育研究》《教育研究》《高等教育研究》《中国高等教育》《中国高教研究》《北京大学教育评论》《清华大学教育研究》以及《教育发展研究》；②在征求相关专家基础上，1 篇 CSSCI 期刊计分为 1，1 项“中国学位与研究生教育优秀成果奖二等奖”计分为 10，1 项“中国学位与研究生教育优秀成果奖一等奖”计分为 20，加权数 =CSSCI 论文数 +10× 二等奖数 +20× 一等奖数 +40× 特等奖数。③单位统计为全口径，既包括第一作者单位，又包括非第一作者单位

2. 人才培养成果排名

人才培养成果首先考察的是研究生的科研参与情况，即学术学位研究生是否参与过科学研究项目。科研项目的参与不仅能够培养研究生专业领域的研究能力，也能培养学生项目管理、团队合作以及人际交往等方面的“软能力”。由于科研项

目参与率与学科性质密切相关，从全国平均水平来看，人文社科的科研参与率为10.01%，理工农医的科研参与率为46.70%。因此，我们分别计算人文社科类研究生的科研参与率和理工农医类研究生的科研参与率得分，并计算其平均值。

全国平均水平来看，人文社科的科研参与率为10.01%，理工农医的科研参与率为46.70%

需要特别提醒的是，本统计可能存在着一定的误差：①由于数据来源于不同学科的统计年鉴，统计口径有略微不同。人文社科参与科研的研究生数是指当年已具有科研经历，且被纳入R&D人员统计的在校研究生数，统计时间为2014年，但理工农医参与科研的研究生数由于缺乏对应的统计口径，采用当年正参加R&D课题研究的在校研究生数替代，统计时间为2013年（2014年数据尚未发布）；②专业学位在校研究生也可能参与科学研究，但在校研究生规模的统计仅包括学术学位研究生，因此在云南、广东等省份出现了理工农医类参与科研的研究生数超过学术学位在校研究生数的情况。

浙江省理工农医的科研参与率高达96.89%，人文社科的科研参与率也高达27.15%

排名第一的浙江省，其理工农医的科研参与率高达96.89%，人文社科的科研参与率也高达27.15%。这意味着平均来看，浙江的理工农医类研究生基本上人人都有参与科研的经历，每4位人文社科类研究生中就有1名有过参与科研项目的经历。北京参与科研的研究生数量虽然最多，但相对于较大的学术学位研究生规模，其科研参与率较低，仅排名14，理工农医的科研参与率为56.62%，即平均每两位理工农医类研究生就有一名有过参与科研项目的经历，人文社科的科研参与率为15.25%，即每6—7位人文社科类研究生中就有1名有过参与科研项目的经历。值得关注的是云南、宁夏和贵州三省，虽然三省研究生规模较小，但其在校研究生参与科学研究的比率，特别是理工农医类研究生参与科学研究的比率较高。2014年31个省、自治区、直辖市在校研究生拥有科研项目参与经历的比率排名见表4–8。

表4-8　2014年31个省、自治区、直辖市在校研究生拥有科研项目参与经历的比率排名

省份	参与科研的研究生数/人		学术学位在校生数/人		在校研究生有科研项目参与经历的比率/%		得分	排名
	人文社科	理工农医	人文社科	理工农医	人文社科	理工农医		
浙江	3195	27115	11770	27984	27.15	96.89	100.00	1
四川	5884	23889	20562	38524	28.62	62.01	92.37	2
天津	3156	15231	12358	21151	25.54	72.01	92.36	3
云南	1155	11082	8387	10180	13.77	108.86	91.98	4
广东	2866	36729	19051	35537	15.04	103.35	91.64	5
江苏	5966	55439	27083	76479	22.03	72.49	89.58	6
宁夏	98	1730	1006	1625	9.74	106.46	88.04	7
湖南	2793	17714	16077	26155	17.37	67.73	84.52	8
甘肃	1278	6886	6399	12917	19.97	53.31	83.01	9
贵州	107	5516	3125	5361	3.42	102.89	81.91	10
山西	948	7552	6767	11267	14.01	67.03	81.56	11
广西	274	9529	6494	9809	4.22	97.15	81.11	12
陕西	2645	30490	17779	50428	14.88	60.46	80.61	13
北京	10596	83356	69466	147213	15.25	56.62	79.95	14
重庆	1793	11737	14200	18009	12.63	65.17	79.95	15
海南	86	1030	1076	1335	7.99	77.15	79.16	16
福建	858	11043	9425	15150	9.10	72.89	78.99	17
上海	3517	36929	32324	55190	10.88	66.91	78.95	18
吉林	1953	13702	16688	22266	11.70	61.54	78.26	19
安徽	705	14592	8310	21033	8.48	69.38	77.58	20
辽宁	1630	27906	20354	40203	8.01	69.41	77.20	21
青海	81	477	926	751	8.75	63.52	76.32	22
湖北	2361	32402	31666	48346	7.46	67.02	76.14	23
内蒙古	59	4993	4296	5989	1.37	83.37	75.26	24
河北	1023	7639	7814	17026	13.09	44.87	75.18	25

续表

省份	参与科研的研究生数/人		学术学位在校生数/人		在校研究生有科研项目参与经历的比率/%		得分	排名
	人文社科	理工农医	人文社科	理工农医	人文社科	理工农医		
新疆	411	3051	4445	5616	9.25	54.33	74.40	26
河南	440	8611	7705	14607	5.71	58.95	72.65	27
山东	595	20244	16237	32423	3.66	62.44	71.84	28
江西	128	5179	7566	8125	1.69	63.74	70.54	29
黑龙江	233	18539	10703	32018	2.18	57.90	69.46	30
西藏	26	47	1108	234	2.35	20.09	60.00	31

备注：①人文社科领域参与科学研究的研究生数来源于《2014 年全国高校社科统计资料汇编》中“各省、市、自治区高等学校人文、社会科学研究与发展人员职称（职务）情况表”；②理工农医领域参与科学研究的研究生数来源于《2014 年高等学校科技统计资料汇编》中“分地区高等学校研究与发展项目”；③各学科在校研究生有科研项目参与经历的比率 = 参与科研的研究生数 / 学术学位在校生数；④得分 =（人文社科标准化得分 + 理工农医标准化得分）/2

国家级研究生竞赛中，江苏获奖排名第一

在学研究生获得各类国家级竞赛奖励是反映人才培养效果的重要方面。在国家级研究生竞赛中，获奖排名第一的是江苏，它在挑战杯大赛中获奖最多，同时在数学建模竞赛和电子设计大赛中也有不错的表现。上海、陕西紧随其后，北京在智慧城市技术与创意设计大赛中的表现居全国第一，上海在研究生数学建模竞赛中的表现居全国第一。2015 年 31 个省、自治区、直辖市在校研究生获得国家级竞赛奖励排名详见表 4-9。

在智慧城市技术与创意设计大赛中北京居全国第一，在研究生数学建模竞赛中上海居全国第一

表4-9 2015年31个省、自治区、直辖市在校研究生获得国家级竞赛奖励排名

省份	竞赛获奖的加权数量/项				各竞赛获奖的加权标准分				总分	排名
	挑战杯	电子设计	数学建模	创意设计	挑战杯	电子设计	数学建模	创意设计		
江苏	55	49	405	12	100.00	80.63	80.53	72	100.00	1
上海	43	15	789	7	91.11	66.32	100	67	96.25	2
陕西	4	95	213	25	62.22	100	70.8	85	93.50	3
湖北	34	32	234	21	84.44	73.47	71.86	81	90.39	4
北京	15	17	190	40	70.37	67.16	69.63	100	88.84	5
广东	39	7	55	11	88.15	62.95	62.79	71	79.27	6
浙江	15	25	99	15	70.37	70.53	65.02	75	77.57	7
四川	12	26	92	6	68.15	70.95	64.66	66	72.78	8
辽宁	10	25	73	8	66.67	70.53	63.7	68	72.41	9
湖南	14	17	137	4	69.63	67.16	66.95	64	71.91	10
重庆	9	13	96	9	65.93	65.47	64.87	69	70.85	11
黑龙江	14	22	31	2	69.63	69.26	61.57	62	69.64	12
河南	5	23	74	6	62.96	69.68	63.75	66	69.61	13
安徽	15	16	57	0	70.37	66.74	62.89	60	68.59	14
山东	12	1	188	0	68.15	60.42	69.53	60	67.77	15
河北	16	3	42	2	71.11	61.26	62.13	62	67.09	16
江西	5	21	52	0	62.96	68.84	62.64	60	66.20	17
吉林	4	12	45	0	62.22	65.05	62.28	60	64.10	18
福建	4	11	31	0	62.22	64.63	61.57	60	63.62	19
内蒙古	7	6	8	0	64.44	62.53	60.41	60	63.17	20
广西	1	11	38	0	60.00	64.63	61.93	60	62.82	21
云南	7	0	28	0	64.44	60	61.42	60	62.52	22
新疆	8	0	12	0	65.19	60	60.61	60	62.49	23

续表

省份	竞赛获奖的加权数量/项				各竞赛获奖的加权标准分				总分	排名
	挑战杯	电子设计	数学建模	创意设计	挑战杯	电子设计	数学建模	创意设计		
贵州	5	6	6	0	62.96	62.53	60.3	60	62.49	24
宁夏	2	4	3	3	60.74	61.68	60.15	63	62.39	25
山西	3	5	8	1	61.48	62.11	60.41	61	62.15	26
海南	1	10	3	0	60.00	64.21	60.15	60	61.87	27
天津	1	3	46	0	60.00	61.26	62.33	60	61.54	28
甘肃	3	2	10	0	61.48	60.84	60.51	60	61.22	29
青海	2	0	0	0	60.74	60	60	60	60.32	30
西藏	1	0	0	0	60.00	60	60	60	60.00	31

备注：①挑战杯全国大学生课外学术科技作品竞赛简称为“挑战杯”，智慧城市技术与创意设计大赛简称为“创意设计”，研究生数学建模竞赛简称为“数学建模”，研究生电子设计竞赛简称为“电子设计”；②竞赛获奖数的加权数量 = 三等奖数 +2× 二等奖数 +4× 一等奖数 +8× 特等奖数；③国家级竞赛奖励总分 = 对四大竞赛标准化得分的平均分进行标准化后的得分；④数据来源于挑战杯组委会、全国研究生数学建模竞赛网站 www.gmcm.seu.edu.cn、研究生电子设计竞赛网站 www.gedc.net.cn 和研究生智慧城市技术与创意设计大赛网站 www.smartcity-competition.com.cn

学位论文质量是衡量研究生培养成效的重要指标。学位论文可以反映出研究生是否拥有坚实（坚实宽广）的基础理论和系统（系统深入）的专门知识。因此，通过学位论文的抽检可以反映出各省研究生的培养质量。限于数据可得性，本报告仅包括博士学位论文的抽检数据。

2014 年度中国学位与研究生教育发展中心抽检博士学位论文 5181 篇，涉及 12 个学科门类、95 个一级学科。每篇博士学位论文聘请 3 位专家进行评议，其中有 1 位专家评议意见为“不合格”的学位论文，再聘请 2 位专家进行复评。按照《抽检办法》，通信评议及复评后，有 2 位以上（含 2 位）专家评议意见为“不合格”的学位论文为“存在问题学位论文”。

2014年“存在问题学位论文”涉及27个省市，抽检论文中完全合格的有广西、海南和青海，但该3个省、自治区被抽中的博士论文较少，广西仅有29篇、海南仅有10篇，青海仅有2篇。不合格率高于5%包括北京、天津、河北等14个省、自治区、直辖市，其中宁夏以20%不合格率，排名最后一位。2014年30个省、自治区、直辖市博士论文抽检合格率见表4-10。

抽检论文中完全合格的有广西、海南和青海

宁夏以20%不合格率，排名最后一位

表4-10 2014年30个省、自治区、直辖市博士学位论文抽检合格率

省份	抽检论文				得分	排名
	篇数	不合格篇数	不合格率/%	合格率/%		
广西	29	0	0	100	100	1
海南	10	0	0	100	100	
贵州	12	0	0	100	100	
青海	2	0	0	100	100	
福建	124	2	1.61	98.39	96.78	5
上海	413	7	1.69	98.31	96.62	6
新疆	42	1	2.38	97.62	95.24	7
重庆	112	3	2.68	97.32	94.64	8
陕西	224	6	2.68	97.32	94.64	
江苏	405	11	2.72	97.28	94.56	10
江西	35	1	2.86	97.14	94.28	11
湖南	156	5	3.21	96.79	93.58	12
浙江	114	4	3.51	96.49	92.98	13
广东	271	13	4.8	95.2	90.4	14

续表

省份	抽检论文				得分	排名
	篇数	不合格篇数	不合格率/%	合格率/%		
辽宁	260	13	5	95	90	15
吉林	140	7	5	95	90	
湖北	293	15	5.12	94.88	89.76	17
北京	1149	59	5.13	94.87	89.74	18
甘肃	92	5	5.43	94.57	89.14	19
云南	55	3	5.45	94.55	89.1	20
山东	186	11	5.91	94.09	88.18	21
河北	80	5	6.25	93.75	87.5	22
四川	218	14	6.42	93.58	87.16	23
山西	89	6	6.74	93.26	86.52	24
安徽	118	8	6.78	93.22	86.44	25
天津	179	13	7.26	92.74	85.48	26
内蒙古	40	3	7.5	92.5	85	27
河南	52	4	7.69	92.31	84.62	28
黑龙江	215	17	7.91	92.09	84.18	29
宁夏	5	1	20	80	60	30

备注：数据来源于《中国学位与研究生教育发展年度报告（2015）》

研究培养过程中积累的优秀经验也是研究生教育质量的重要体现。获得中国学位与研究生教育学会所颁发的优秀成果奖（教育实践类）的数量在一定程度上反映了各省研究生培养实践的先进经验。北京作为名校的聚集地获得了绝大多数的奖励，其中包括一等奖 5 项、二等奖 14 项（表 4-11）。值得关注的是，上海获 1 项特等奖——第二军医大学曹雪涛院士领衔完成的《医学免疫学研究生拔尖人才“思行”培养模式的探索与实践》。

表4-11　2014年11个省、自治区、直辖市获得中国学位与研究生教育优秀成果奖（教育实践类）数排名

省份	特等奖	一等奖	二等奖	加权数	得分
北京	0	3	13	19	100.00
上海	1	0	5	9	77.78
江苏	0	1	5	7	73.33
天津	0	1	0	2	62.22
黑龙江	0	1	0	2	62.22
浙江	0	1	0	2	62.22
安徽	0	1	0	2	62.22
湖南	0	0	1	2	62.22
重庆	0	0	1	1	60.00
湖北	0	0	1	1	60.00
陕西	0	0	1	1	60.00

备注：加权的获奖数 = 二等奖数量 +2× 一等奖数量 +4× 特等奖数量

（二）社会贡献的排名

研究生教育对社会的贡献主要体现在两个方面：一是通过培养更多的接受高层次教育的人才，提高人口素质和社会的文明程度；二是正如人力资本理论所言，培养的研究生进入劳动力市场后会形成研究生人力资本推动经济的增长。当然，由于研究生教育和科学研究密切的关联，它对于技术进步、科技创新也有着非常重要的影响，但限于数据可得性，本报告尚未列入。

劳动力人口受教育程度提高最显著的前三名地区为北京、陕西和上海

表 4-12 显示：2014 年 31 个省、自治区、直辖市中劳动力人口受教育程度提高最显著的前 3 名地区为北京、陕西和上海，该 3 个地区就业人口中研究生及

以上学历占比依次增长了 0.78%、0.33% 和 0.30%。而劳动力人口中受教育程度也存在降低的现象，例如四川、吉林和江苏三省就业人口中研究生及以上学历占比依次降低了 0.17%、0.13% 和 0.11%。2014 年 31 个省、自治区、直辖市就业人口中研究生以上学历占比变化见表 4–12。

当然，需要注意的是，各地区劳动力人口中的研究生人数既受到当地研究生教育发展状况的影响，也受到各地区经济发展水平等因素所带来的研究生就业迁移的影响。因此，就业人口中研究生及以上学历占比变化仅仅作为各省市研究生教育对其域内劳动力人口素质提升贡献的参考，不能将二者直接等同。

表4–12　2014年31个省、自治区、直辖市就业人口中研究生及以上学历占比的变化

省份	就业人口中研究生及以上学历占比/%		比例变化/%	得分	排名
	2014年	2013年			
北京	7.87	7.09	0.78	100.00	1
陕西	1.11	0.78	0.33	81.05	2
上海	2.45	2.15	0.30	79.79	3
辽宁	0.5	0.32	0.18	74.74	4
湖南	0.43	0.27	0.16	73.89	5
青海	0.4	0.25	0.15	73.47	6
天津	1.35	1.21	0.14	73.05	7
湖北	0.57	0.43	0.14	73.05	8
安徽	0.4	0.31	0.09	70.95	9
山西	0.29	0.2	0.09	70.95	10
福建	0.51	0.44	0.07	70.11	11
内蒙古	0.42	0.35	0.07	70.11	12
宁夏	0.17	0.11	0.06	69.68	13
海南	0.24	0.19	0.05	69.26	14
重庆	0.57	0.53	0.04	68.84	15
贵州	0.09	0.06	0.03	68.42	16
广西	0.26	0.23	0.03	68.42	17

续表

省份	就业人口中研究生及以上学历占比/%		比例变化/%	得分	排名
	2014年	2013年			
山东	0.49	0.48	0.01	67.58	18
河南	0.27	0.26	0.01	67.58	19
江苏	0.59	0.59	0	67.16	20
黑龙江	0.23	0.23	0	67.16	21
西藏	0	0	0	67.16	22
广东	0.38	0.41	–0.03	65.89	23
河北	0.23	0.26	–0.03	65.89	24
新疆	0.37	0.41	–0.04	65.47	25
浙江	0.52	0.56	–0.04	65.47	26
云南	0.22	0.3	–0.08	63.79	27
江西	0.24	0.32	–0.08	63.79	28
甘肃	0.26	0.37	–0.11	62.53	29
吉林	0.35	0.48	–0.13	61.68	30
四川	0.18	0.35	–0.17	60.00	31

备注：就业人口中具有研究生学历的人数比例来源于《中国人口和就业统计年鉴（2015）》

由于研究生教育对各省市劳动力人口的受教育程度有着重要影响，因此可通过形成高层次的人力资本促进经济增长。

对于目前分层测算各级教育所形成的人力资本对经济增长的贡献主要还是采用丹尼森的计算方法，包括：①计算出基期和报告期之间的年均教育综合增长率 e；②计算基期和报告期之间研究生人力资本增长率占年均教育综合增长率的比重 e_g；③计算基期和报告期之间国内生产总值的增长率 g；④在假定规模回报不变的情况下，通过对包含固定资产投入和人力资本投入的道格拉斯生产函数取对数，并估算出弹性系数 β，本报告采用现有研究的成果，将 β 取值为 0.73；⑤通过公式 $e_g\times(\beta\times e)/g$ 得到研究生人力资本对经济增长的贡献率排名。

北京研究生人力资本对经济增长的贡献率为3.02%，排名第一

研究生人力资本对经济增长的贡献率排名第一的省市为北京，贡献率为3.02%。其次，辽宁、陕西、湖南等地由于研究生人力资本的显著增加，对经济增长的贡献也名列前茅。上海研究生人力资本的增加幅度也非常显著，就业人口中研究生及以上学历占比增加了0.3%，但由于上海所有人力资本的增幅都非常显著，在总贡献一定的情况下，研究生的贡献所占比例相对减弱。此外，也可以看到内蒙古、宁夏等地虽然为经济欠发达地区，但研究生人力资本在省域经济发展中扮演了非常重要的角色，这在一定程度也为欠发达地区发展研究所教育提供了实证的依据，见表4-13。

表4-13　2014年31个省、自治区、直辖市研究生人力资本对经济增长的贡献率排名

省份	就业人口中研究生及以上学历占比/%		2013—2014年GDP增长率/%	研究生人力资本对经济增长的贡献/%	得分	排名
	2014年	2013年				
北京	7.87	7.09	7.73	3.02	100.00	1
辽宁	0.5	0.32	5.19	2.08	87.54	2
陕西	1.11	0.78	9.16	1.96	85.96	3
青海	0.4	0.25	8.54	1.18	75.59	4
山西	0.29	0.20	0.76	1.17	75.50	5
湖南	0.43	0.27	9.81	0.98	72.97	6
上海	2.45	2.15	8.02	0.89	71.85	7
湖北	0.57	0.43	10.44	0.79	70.41	8
内蒙古	0.42	0.35	5.05	0.78	70.38	9
安徽	0.4	0.31	8.42	0.67	68.87	10
宁夏	0.17	0.11	6.77	0.62	68.20	11
天津	1.35	1.21	8.90	0.62	68.18	12
福建	0.51	0.44	10.00	0.37	64.96	13

续表

省份	就业人口中研究生及以上学历占比/%		2013—2014年GDP增长率/%	研究生人力资本对经济增长的贡献/%	得分	排名
	2014年	2013年				
海南	0.24	0.19	10.17	0.28	63.73	14
广西	0.26	0.23	8.46	0.19	62.56	15
贵州	0.09	0.06	14.59	0.17	62.26	16
重庆	0.57	0.53	11.57	0.17	62.21	17
山东	0.49	0.48	7.60	0.06	60.75	18
河南	0.27	0.26	8.53	0.03	60.40	19
河北	0.23	0.26	3.44	0.00	60.00	20
吉林	0.35	0.48	5.80	0.00	60.00	
黑龙江	0.23	0.23	4.04	0.00	60.00	
江苏	0.59	0.59	8.93	0.00	60.00	
浙江	0.52	0.56	6.40	0.00	60.00	
江西	0.24	0.32	9.05	0.00	60.00	
广东	0.38	0.41	8.54	0.00	60.00	
四川	0.18	0.35	8.13	0.00	60.00	
云南	0.22	0.30	8.30	0.00	60.00	
西藏	0	0	12.89	0.00	60.00	
甘肃	0.26	0.37	7.99	0.00	60.00	
新疆	0.37	0.41	9.83	0.00	60.00	

备注：①就业人口中具有研究生学历的人数比例来源于《中国人口和就业统计年鉴（2015）》；② GDP 来源于《中国统计年鉴（2015）》

三、讨论与建议

为更好地为各省提高研究生教育质量提供建议，报告将针对不同省份在各二级指标上的得分进行分类，以挖掘其省域研究生教育发展共性和特性、优势与劣势。运用 SPSS 软件进行 K–Means 聚类，31 个省份自动聚为以下 6 类，各类在各个二级指标上的得分表现以及省、自治区、直辖市的类属见表 4–14。

表4–14 基于二级指标的31个省、自治区、直辖市的聚类分析结果

得分项	类属					
	1	2	3	4	5	6
生均R&D经费	★	★	★	★	△	△
竞争性科研项目	★★★	★★★	★	★	△	△
学科平台水平	★★	★★★	★	★	△	△
生师比	★★	★★	★★	★★	★★★	★★★
研究生教育规律的探索	★★★	★	△	△	△	△
全国性竞赛获奖	★★★	★★	★★	△	△	△
研究生科研参与	★★	★★	★★	★★	★★	★
学位论文质量	★★★	★★★	★★★	★★	★★★	★★
培养成果获奖	★★★	★	△	△	△	△
劳动力素质提升	★★	★	★★	△	★	△
经济增长贡献率	★★★	★	★★	★	△	△
所含省、自治区、直辖市	北京	上海 浙江 江苏 湖北	陕西 湖南 辽宁	广东 天津 四川 安徽 重庆 山东 黑龙江 吉林 甘肃	福建 广西 贵州 海南 青海 山西	江西 河南 云南 河北 新疆 内蒙古 宁夏 西藏

备注：★★★表示该类平均得分在 90 分及其以上；★★表示该类平均得分在 80 分及其以上，90 分以下；★表示该类平均得分在 70 分及其以上，80 分以下；△表示得该类平均得分在 60 分及其以上，70 分以下。

第一类仅有北京 1 个省份。该类优势在于：各指标上都有较高的得分表现，在“研究生教育规模的探索”“竞争性科研项目获得”“全国性竞赛获奖”“培养

成果获奖”以及“经济增长贡献率”5项指标上有着非常明显的优势；在“生均R&D经费”“学科平台水平”以及“生师比”3个指标方面，与得分最高的省份相比，优势并不明显。其原因在于该3项指标都是人均指标，当北京的R&D经费和导师数平均至研究生的规模上，当优秀的学科数平均到博士学位点的总量上，虽然北京市在得分上仍然能够处于全国前列，但优势并不明显。

第二类包括上海、江苏、湖北和浙江4个省、直辖市。该类省份的优势在于支撑条件与北京差别不大，且在“学科平台水平”的得分上，即优秀学科占博士学位点总数的比例略高于北京，这说明该4个省份在研究生培养上具备了良好的基础。同时，该类省份研究生培养的质量也较高，学位论文抽检的合格率在全国处于前列，且研究生在全国性竞赛获奖的人数方面排名靠前；但其劣势在于在标志性的培养成果上、在研究生教育规律的探索上以及在对域内经济、文化发展的贡献上，较之于北京还有一定的差距。

第三类包括陕西、湖南和辽宁3个省。该类省份的优势在于“生均R&D经费”“学科平台水平”“竞争性科研项目”以及“生师比”均有较好的基础。研究生培养质量较高，特别是在学位论文抽检的合格率和“全国性竞赛获奖”中有相对较高的得分。同时，研究生教育对域内经济、文化发展的贡献较高。但其劣势与第三类基本一致，即缺乏非常优秀的培养成果，具有较高显示度的全国性研究生竞赛和培养成果的获奖表现较弱。

第四类包括广东、天津等9个省、直辖市。每个省域内均有1—2所“985工程”大学和若干所“211工程”大学。该类省份的优势在于各方面的支撑条件较好，同时导师资源相对充裕，能够支撑研究生的培养。但其劣势在于优质教育资源的数量不多，“竞争性科研项目获得”和“学科平台水平”得分颇为一般，且在培养成果中具有较高显示度的全国性的研究生竞赛和培养成果的获奖表现较弱。

第五类包括福建、广西等6个省、自治区。除福建以外，其他5个省份均仅有1所省属的“211工程”大学。该类省份的优势在于导师数充足，研究生参与科学研究的比例较高且学位论文抽检的合格率很高，这表明此类省份的研究生培养质量还是有所保障的。但其劣势在于，财力和平台类的资源，特别是优质资源非常缺乏，在“生均R&D经费”“学科平台水平”两项得分很低，且在获得全国竞争性的科研项目中表现不优，在“竞争性科研项目获得”上得分较低，在全国性的研究生竞赛和培养成果的获奖中表现较弱。

第六类包括江西、河南等8个省、自治区，除江西、河南和河北，其他均为民族地区。该类省份的优势在于具有相对充足的导师数以及能够基本保证的学位论文质量；但其劣势非常明显，特别是支撑条件非常薄弱，也非常缺乏在全国具有显示度的培养成果。

基于对各类省市所进行的优势、劣势分析，本报告针对不同类别的省域研究生教育改革与发展提出若干参考建议。

第一类省份：①突破制高点，进一步做中国研究生教育的“领头羊”，探索研究生教育规律，在重大科研项目研究生竞赛以及标识性的培养成果上做出更大成绩；②夯实支持条件，增大人、财、物资源的投入，使生均资源占有量与资源占有总量成正比。

第二类省份：①充分利用现有的支撑条件，以北京作为标杆，吹响向重大科研项目、高端学科平台全面冲击的“集结号”，将研究生培养的“高原”转化为研究生培养的“高峰”；②深入结合已有的研究生教育实践挖掘培养规律，凝练培养特色，从而进一步指导研究生培养，提高研究生教育质量。

第三类和第四类省份：①在优质的教育资源的争取上全面突破，在保持当前生均人、财的投入水平下，更多地在全国性的竞争性科研项目、特别是重大的科研项目方面有所突破，并以此为抓手，推动科学研究水平的进一步提升，带动相关学科的进一步发展，使若干学科能够进入世界一流，并带动相关学科群的发展；②进一步提升研究生的培养质量，在保障学位论文质量的基础上，应不断依据自身优势，挖掘特色，形成在全国具有标识度的培养成果和优秀研究生；③进一步提升研究生教育对省域经济、文化发展的贡献率，促进经济社会发展反哺研究生教育教育，形成教育与社会之间的良性互动。

第五类省份：①保障研究生培养质量的稳步提升，在充分保障学位论文质量的基础上，为研究生的发展提供更多机会，开展省市间的交流互换、访问交流，培养更多出类拔萃的研究生；②夯实支撑条件，特别是结合省域经济社会发展的特色，如海洋农林业、地质采矿业以及高原农林业等发展研究生教育，争取国家、省市更多的支持。

第六类省份：①总结、凝练省域研究生教育的优势、特色，建成具有区域特色的研究生培养基地，依据特色发展需要与相关省市和高校建立起资源共享、学科共建的联动机制；②保障生均研究生教育资源投入能够达到一定的水平，将追求培养质量的提升作为首要任务，推动研究生教育的内涵式、特色化发展道路。

第五章 研究生满意度调查

研究生是研究生教育最为直接、最为核心的利益相关者。研究生满意度是研究生对研究生教育过程中学习、研究和生活等方方面面的直观感受，既体现作为教育接受者的真实获得感，同时也直接反映教育供给方的教育供给质量。因此，研究生满意度是反映、监测和评估研究生教育质量非常重要的一个维度与指标，在全国研究生培养单位中开展大样本、大规模的研究生满意度调查既能揭示当前全国研究生满意度的客观现实，也能为研究生教育供给侧改革提供科学有力的策略引导，其价值与意义重大。

自 2012 年起，北京理工大学学位与研究生教育研究中心组织开展全国研究生满意度调查研究，历年来不断改进调查设计，扩大调查样本，提高研究生满意度调查研究的科学性。2016 年的调查研究情况如下。

一、调查内容与方法

（一）调查目的

本调查的主要目的有 3 个：一是了解研究生对研究生教育总体上的满意度及其年度变化情况，对我国研究生教育的整体质量作出评价；二是获得研究生对研究生教育各个环节、各个方面的评价，发现研究生教育中存在的问题；三是探究不同群体研究生对研究生教育的评价的差别并揭示其意义。

（二）调查内容

2016 年研究生满意度调查沿用了 2015 年的研究生满意度调查问卷。问卷内容主要由下几个部分构成：

第一部分调查研究生的性别、培养单位类型、学科领域（共分 13 个学科门类）、学位层次、学位类型及年级等背景信息；

第二部分调查研究生的总体满意度，包括研究生对研究生教育的总体满意度及对课程教学、科学研究、导师指导、管理服务等主要环节和方面的总体满意度；

第三部分调查研究生对课程教学方面的满意度，包括对课程体系、课程前沿性、教师教学水平、教学方法以及课程教学效果等的具体评价；

第四部分调查研究生对科研训练的满意度，包括研究生在读期间参与科研项目的数量，对所参与项目的学术含量的评价，对科研训练在提升自身创新能力、学术素养、实践能力、学习能力和就业竞争力等方面的作用的评价，对所获得的科研补贴与支持的满意度等；

第五部分调查研究生对导师指导的满意度，包括对导师的学术水平、道德修养、指导频率和时间、指导水平以及对导师在学术兴趣、专业知识、科研能力、治学态度和道德修养等方面对自己的影响程度的评价；

第六部分调查研究生对培养单位管理服务的满意度，包括对培养单位提供的奖学金和“三助”岗位，学校的食堂、住宿和图书馆，学术交流与就业指导服务等方面的评价；

第七部分是专门针对专业学位研究生的满意度调查，包括专业学位研究生校外导师、参与专业实践的情况以及对校外导师指导与专业实践的评价。

除基本信息及个别具体问题外，各满意度问项采用李克特五级量表，将研究生的满意度评价分为“非常满意”“满意”“一般”“不太满意”“非常不满意”5 个级别。

（三）调查方法

2016 年研究生满意度调查采用问卷调查法，问卷包含 37 道封闭式选择题。经测算，问卷内部一致性信度良好；结构方程模型显示，模型的拟合度各项指标良好，这表明该问卷具有较好的结构效度。

本次满意度调查在问卷发放形式上进行了创新，向参与满意度调查的研究生培养单位发放纸质版、微信版、邮件版三种形式的问卷。其中，微信版问卷分定制版和通用版，定制版为每个培养单位生成唯一的二维码，通用版则向所有研究生培养单位开放。邮件版问卷为每个培养单位生成唯一的链接。参与纸质版问卷调查的研究生培养单位数量为 25 个，微信版为 107 个（每个培养单位的有效问卷至少 5 份），邮件版为 7 个。

二、调查样本的基本情况

2016年研究生满意度调查共调查了139个研究生培养单位

本次满意度调查共调查了 139 个研究生培养单位，其中“985 工程”高校 36 所①,“211 工程”高校 38 所②，其他高校 65 所③，科研院所 2 所④；本次调查共向 25 个研究生培养单位发放纸质问卷 18660 份，回收问卷 16840 份，回收率 90.2%；有效问卷 16426 份，问卷有效率 97.5%⑤；回收微信版问卷 23467 份，有效问卷 22086 份，问卷有效率 94.1%；回收邮件版问卷 1478 份，有效问卷 1203 份，问卷有效率 81.4%。在有效问卷中，“985 工程”高校最多，达到 16105 份，占 40.5%；“211 工程”高校 14257 份，占 35.9%；其他高校 8852 份，占 22.3%；科研院所 501 份，占 1.3%。不同类型培养单位调查样本分布见图 5–1。

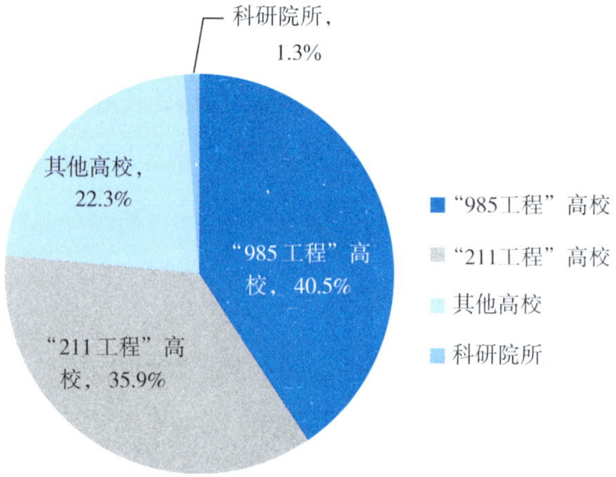

图5–1　不同类型培养单位调查样本分布情况

① 指列入“985 工程”建设的高校。

② 指列入“211 工程”但未列入“985 工程”的高校。

③ 指除了“985 工程”高校和“211 工程”高校之外其他有培养研究生资格的高校。

④ 本次调查科研院所包括中国科学院、中国农业科学院。

⑤ 本调查的无效问卷是指在 53 道题中超过 10 道题没有填答的问卷，除此之外皆为有效问卷。

参与本次满意度调查的研究生样本总体为39715人。调查对象按性别分，男生20490人，占51.6%；女生19160人，占48.2%；缺失值65，占0.2%。按培养层次分，硕士研究生30767人，占77.5%；博士研究生4557人，占11.5%；缺失值4391人，占11.1%；硕士研究生中，一年级13576人，二年级12512人，三年级4449人，缺失值230；博士研究生中，一年级1483人，二年级1464人，三年级962人，四年级636人，缺失值12。按培养类型分，学术学位研究生28049人，占70.6%（按学科分类情况见表5-1）；专业学位研究生11286人，占28.4%；缺失值380，占1.0%。

表5-1 学术学位研究生按学科分类情况

学科门类	人数	比例/%
工学	12822	45.7
理学	4409	15.7
管理学	1794	6.4
文学	1547	5.5
医学	1340	4.8
经济学	1302	4.6
法学	1156	4.1
农学	777	2.8
教育学	758	2.7
历史学	649	2.3
艺术学	571	2.1
哲学	451	1.6
军事学	197	0.7
缺失值	276	1.0
合计	28049	100

本次调查有效样本数量约增长了1倍

较之2015年的满意度调查，本次调查有效样本数量约增长了1倍；调查对象来自139个培养单位，较上年增加了90个，约占同期研究生培养单位总数的17%。这进一步保证了本次调查的代表性和科学性。

三、满意度调查结果

（一）研究生总体满意度

研究生对研究生教育的总体满意率达到70.7%（图5-2）。

总体满意率达到70.7%

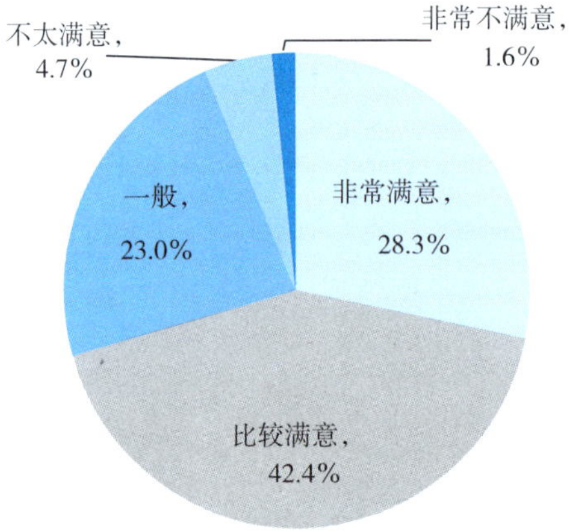

图5-2 2016年研究生总体满意度

（1）不同性别群体相比，男生对研究生教育的总体满意率为70.7%，女生对研究生教育的总体满意率为70.5%（图5-3）。

男生对研究生教育总体满意率为70.7%，女生为70.5%

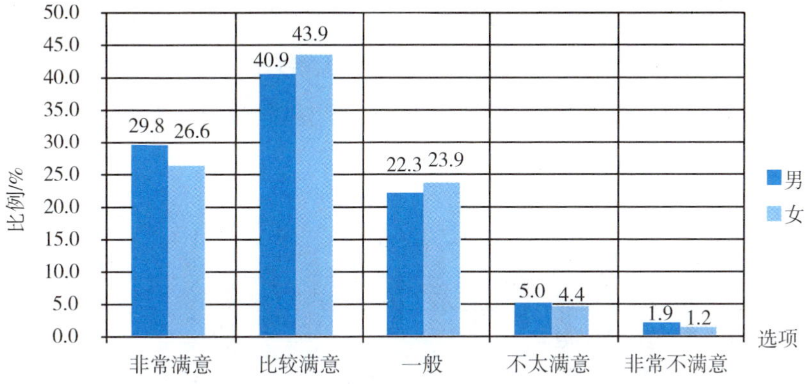

图5-3 不同性别研究生总体满意度比较

“985工程”高校研究生对研究生教育的满意率达到了71.9%

（2）在各类培养单位中，“985 工程”高校研究生对研究生教育的总体满意度最高，满意率达到了 71.9%，其次是科研院所、“211 工程”高校，其他高校对研究生教育的总体满意度最低，满意率为 68.7%（图 5-4）。

其他高校对研究生教育的满意率为68.7%

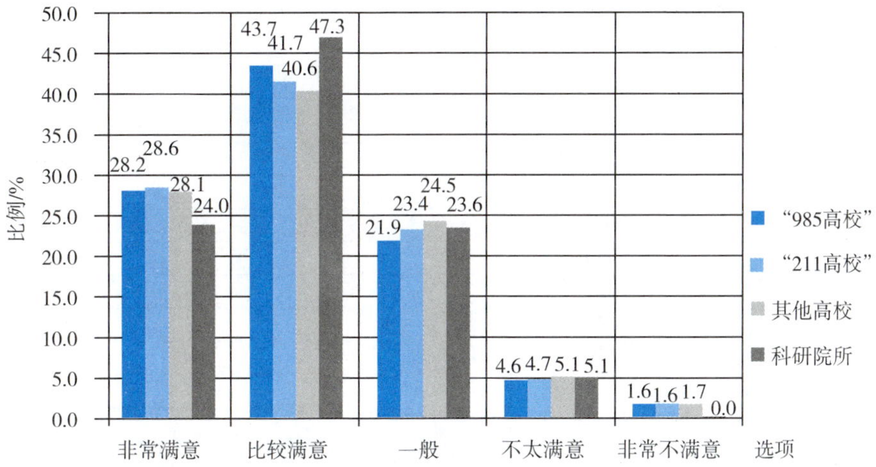

图5-4 不同类型培养单位研究生总体满意度比较

（3）在各学科门类学术学位研究生中，艺术学研究生的总体满意度最高，满意率达到75.9%。除艺术学外，各学科门类中研究生总体满意率由高到低分别为历史学（75.0%）、农学（73.3%）、文学（73.3%）、哲学（71.6%）、理学（71.3%）、军事学（71.0%）、医学（70.7%）、工学（70.0%）、法学（69.4%）、经济学（67.1%）、管理学（63.3%）、教育学（60.8%）（图5-5）。

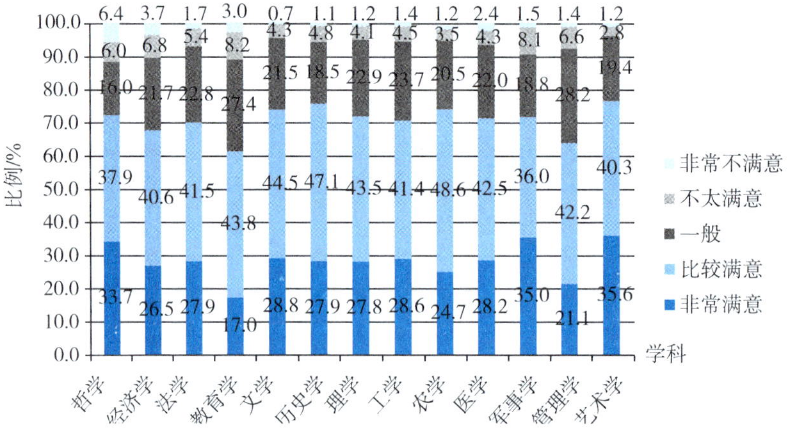

图5-5 各学科总体满意度

博士生的总体满意度高于硕士生

（4）博士生的总体满意度高于硕士生。博士生的总体满意率达72.5%，硕士研究生总体满意率为70.5%（图5-6）。

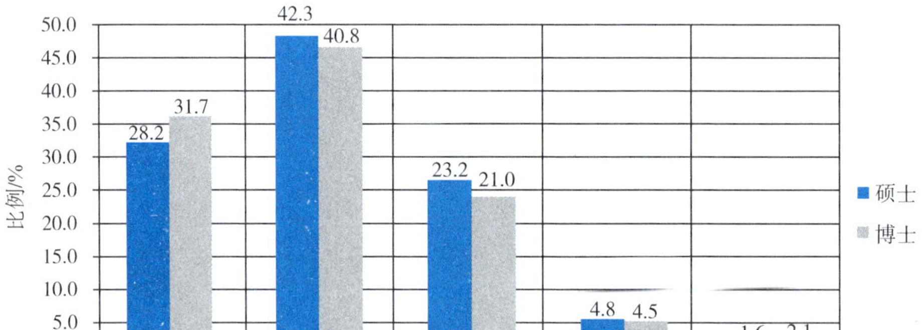

图5-6 不同层次研究生总体满意度比较

（二）课程教学满意度

研究生对课程教学的满意率为 70.6%（图 5–7）。

课程教学的满意率为70.6%

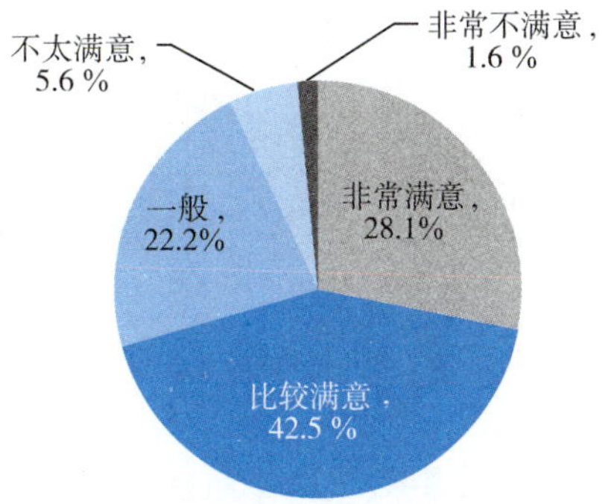

图5–7 研究生对课程教学的满意度

（1）在各类培养单位中，科研院所研究生对课程教学的满意度最高，满意率达到了 73.7%，“211 工程”高校研究生较其他类型培养单位满意率最低，仅为 69.8%（图 5–8）。

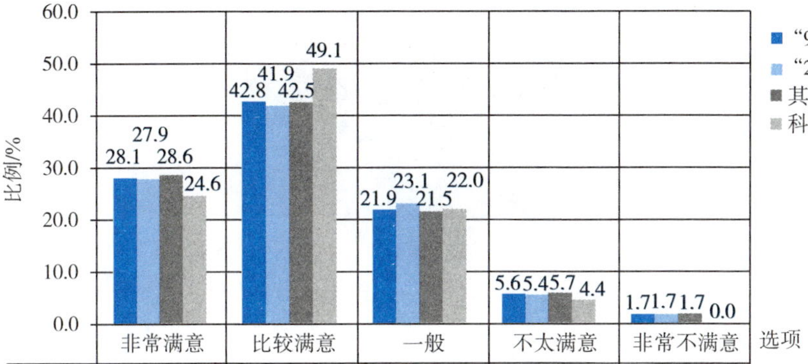

	非常满意	比较满意	一般	不太满意	非常不满意
985高校	28.1	42.8	21.9	5.6	1.7
211高校	27.9	41.9	23.1	5.4	1.7
其他高校	28.6	42.5	21.5	5.7	1.7
科研院所	24.6	49.1	22.0	4.4	0.0

图5–8 不同培养单位研究生对课程教学的满意度比较

（2）研究生对课程体系合理性的评价相对偏低，满意率只有64.1%（图5-9），低于对课程教学的总体评价。

研究生对课程体系合理性评价仅有64.1%

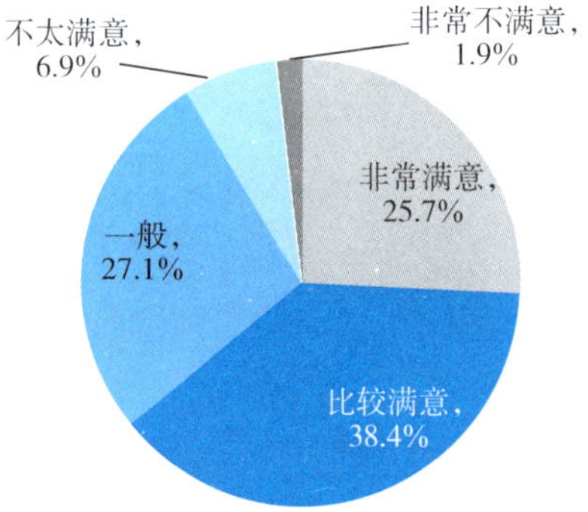

图5-9 研究生对课程体系合理性的评价

（3）研究生对课程前沿性的评价也低于对课程教学的总体评价，满意率只有63.7%（图5-10）。

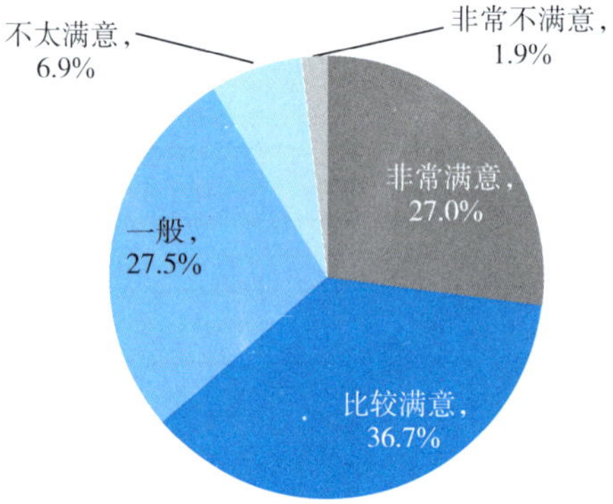

图5-10 研究生对课程前沿性评价

研究生对教师的教学方法的满意率仅有69.5%

（4）研究生对教师教学水平的评价较高，但对教师教学方法的评价偏低，有77.4%的研究生对教师的教学水平表示满意，但仅有69.5%的研究生对教师的教学方法表示满意（图 5–11）。

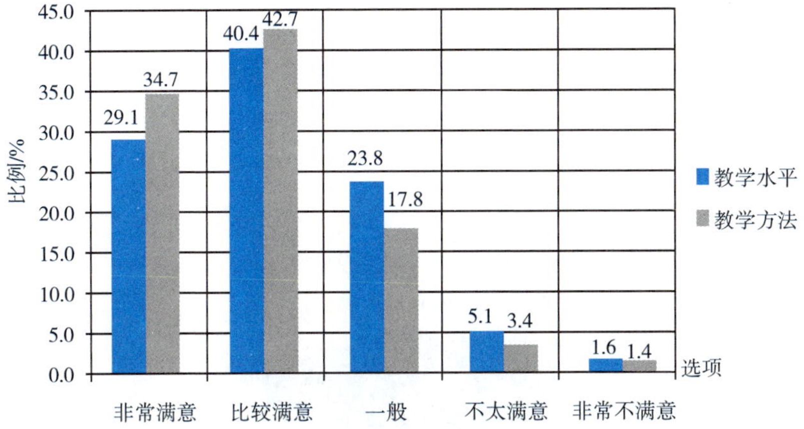

图5–11 研究生对教师教学水平和教学方法的满意度

（5）对于课程教学的效果，研究生的评价普遍偏低。对课程教学在夯实基础知识、学习科研方法、了解学科前沿几个方面的作用，研究生的选择“很大”或“较大”的比例只有 67.3%、68.0%、66.6%；课程教学在增加学习兴趣、提升实践能力、提高创新能力 3 个方面作用也较弱，仅有 60.3%、59.1%、57.6% 的研究生表示作用“很大”或“较大”（图 5–12）。

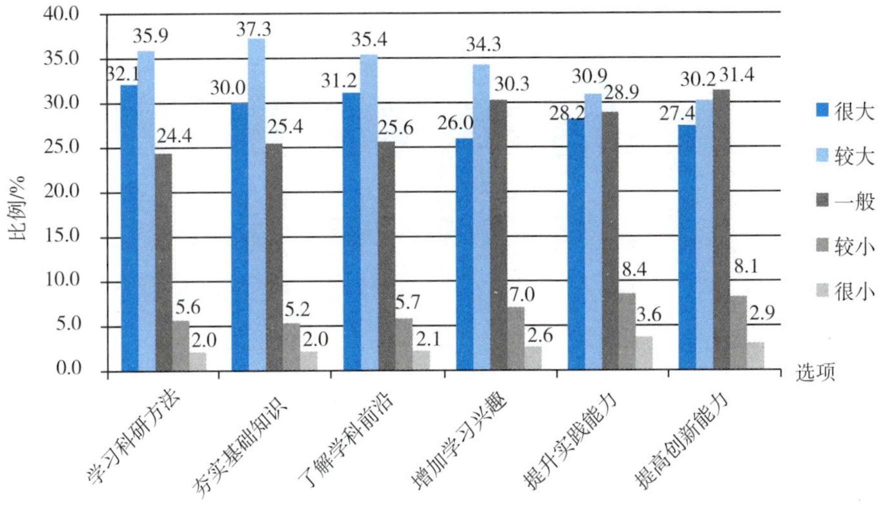

图5–12 研究生对课程教学作用的评价

（三）科研训练满意度

研究生对科研训练的满意率为 70.0%（图 5–13）。

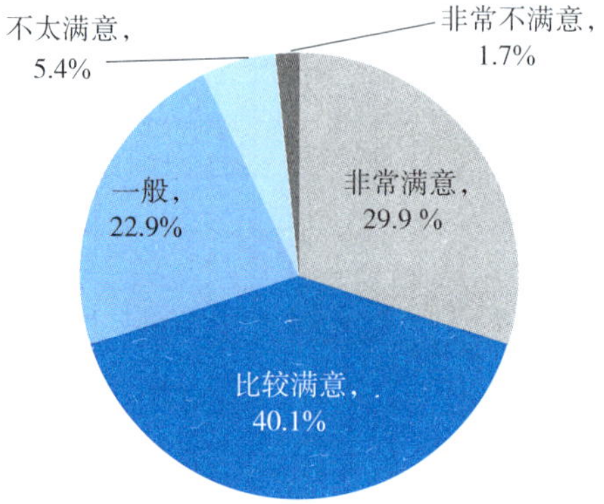

图5–13　研究生对科研训练的满意度

（1）在各类培养单位中，科研院所研究生对科研训练的满意度最高，满意率达到了 75.8%；其次是“985 工程”高校、其他高校，“211 工程”高校研究生对科研训练的满意度最低，仅为 68.0%（图 5–14）。

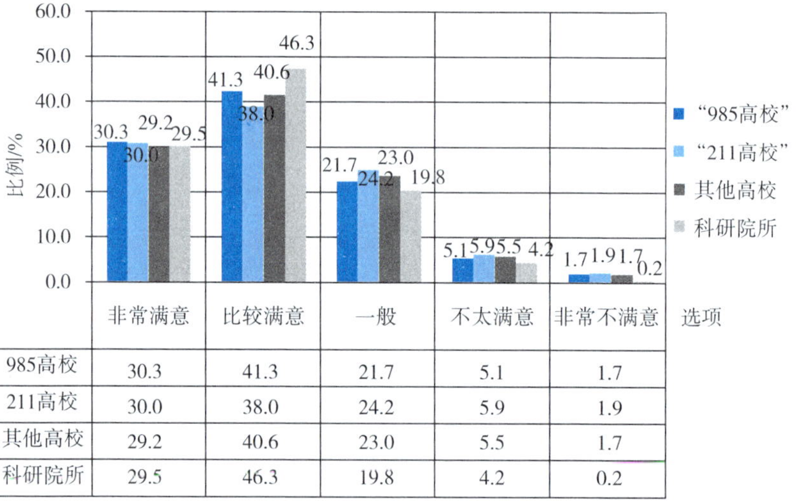

985高校	30.3	41.3	21.7	5.1	1.7
211高校	30.0	38.0	24.2	5.9	1.9
其他高校	29.2	40.6	23.0	5.5	1.7
科研院所	29.5	46.3	19.8	4.2	0.2

图5–14　不同类型培养单位研究生对科研训练的满意度比较

（2）就培养层次而言，博士生对科研训练的满意度高于硕士生。博士生对科研训练的满意率达到 78.9%，而硕士生对科研训练的满意率为 68.7%（图 5–15）。

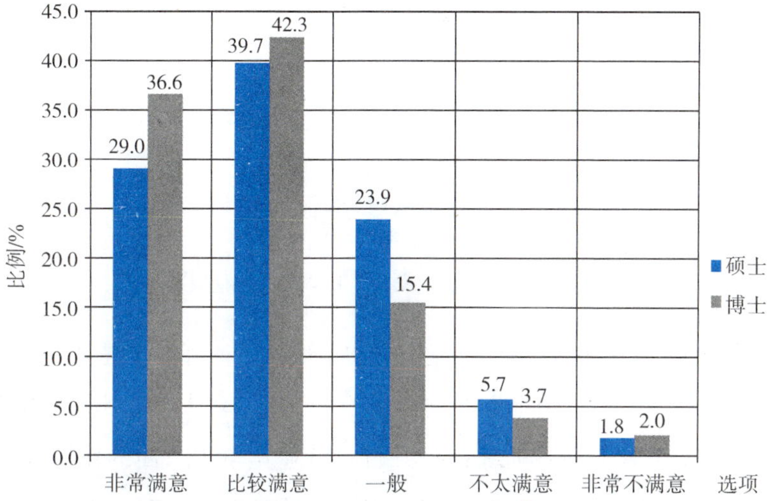

图5–15 不同层次研究生对科研训练的满意度比较

（3）研究生对参与科研项目的学术含量评价较低，表示参与科研项目的学术含量“很高”或“较高”的比例为 60.5%（图 5–16）。

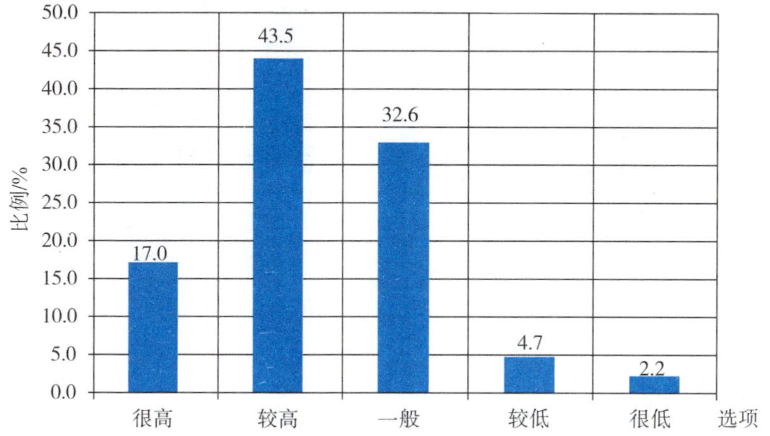

图5–16 研究生对参与科研项目的学术含量评价

（4）研究生对所获科研补贴的评价依然较低。对科研补贴表示满意的研究生仅占 45.5%（图 5–17）。

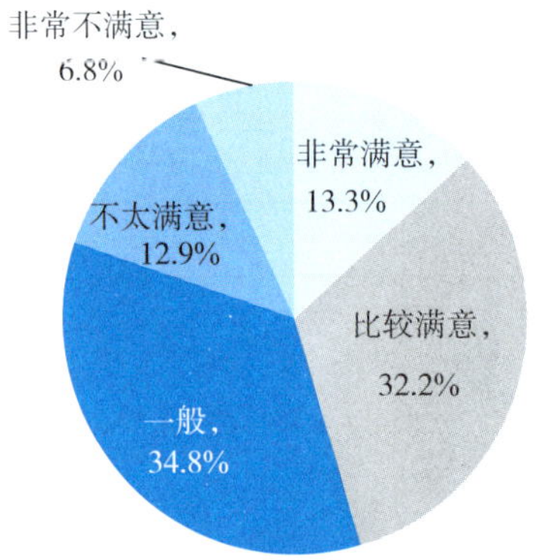

图5-17　研究生对科研补贴的满意度

（5）关于科研训练的效果，研究生更加认可科研训练对于提升自身学习能力和学术素养的作用，在这两个方面选择“很大”或“较大”的比例分别为 84.0% 和 80.9%。研究生对于科研训练在提升自身就业竞争力方面的作用评价相对较低，在这方面选择“很大”或“较大”的比例分别只有 64.6%（图 5-18）。

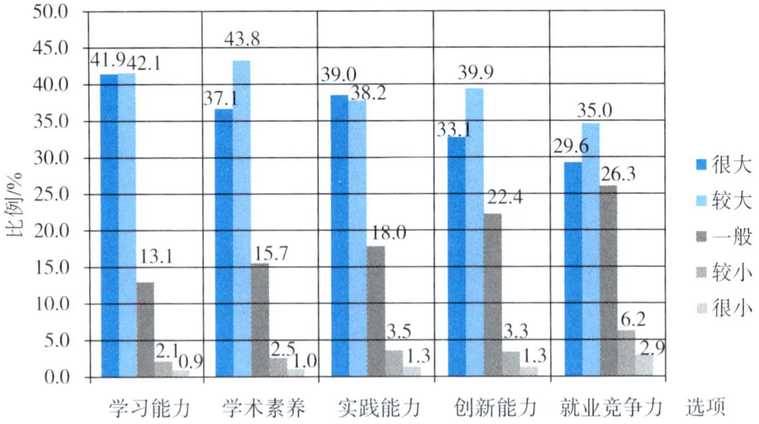

图5-18　研究生对科研训练作用的评价

（四）指导教师满意度

对指导教师的满意率为83.9%

研究生对指导教师的满意率为 83.9 %（图 5-19）。对指导教师的满意度不仅远高于总体满意度，也高于对课程教学、科研训练、管理与服务等研究生教育各主要方面的满意度。

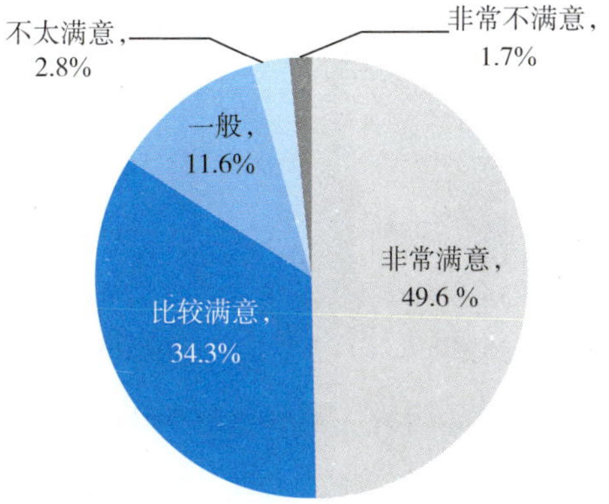

图5-19　研究生对指导教师的满意度

（1）研究生对导师道德素养和学术水平的评价相对较高（满意率分别达到了90.1% 和 88.1%）；对导师指导水平也较为认可，满意率达到了 85.5%，对导师指导频率的评价相对较低，满意率为 79.2%（图 5-20）。

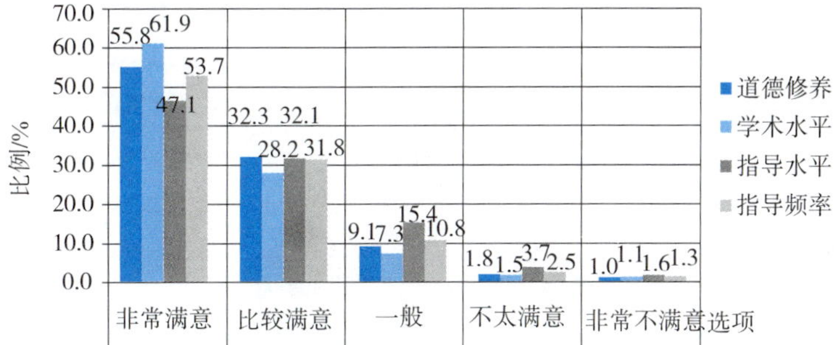

	非常满意	比较满意	一般	不太满意	非常不满意
道德修养	55.8	32.3	9.1	1.8	1.0
学术水平	61.9	28.2	7.3	1.5	1.1
指导水平	47.1	32.1	15.4	3.7	1.6
指导频率	53.7	31.8	10.8	2.5	1.3

图5-20　研究生对指导教师各题项满意度评价

（2）关于导师对研究生各方面素质的影响，研究生的评价普遍较高。其中，在治学态度和道德修养方面，研究生的评价更高一些，表示导师对自身治学态度和道德修养影响“很大”或“较大”的比例都超过了 80%。研究生表示导师对自身学术兴趣的影响“很大”或“较大”的比例相对低一些，为 76.7%（图 5-21）。

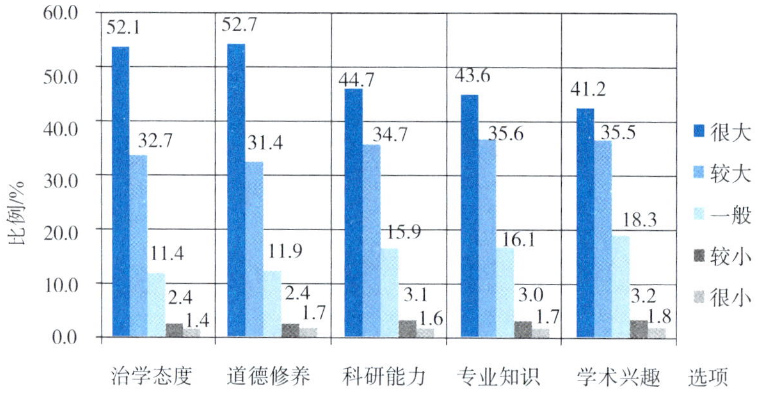

图5-21　研究生对导师影响的评价

（五）管理与服务满意度

研究生对管理与服务的满意率为 69.2%，比总体满意度低 1.5 百分点（图 5-22）。

比总体满意度低1.5百分点

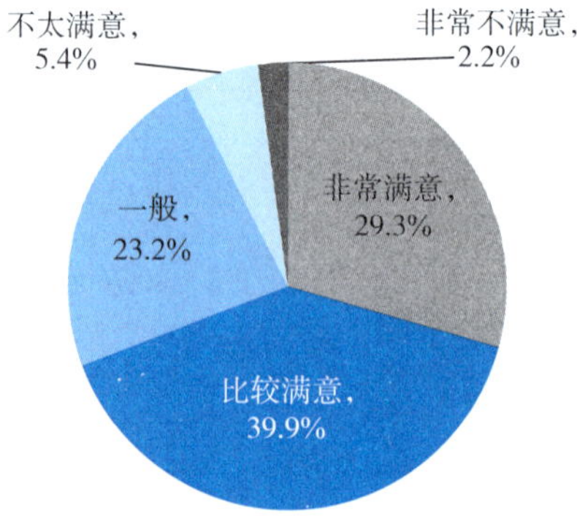

图5-22　研究生对培养单位管理与服务的满意度

在培养单位管理与服务各子项中，研究生对图书馆的满意度相对较高（满意率为 74.8%），对学生管理、“三助”岗位、学术交流以及奖学金方面的满意度超过了 60%；研究生对就业指导与服务、宿舍和食堂的满意度较低，满意率分别只有 56.4%、55.0% 和 52.9%，其中对食堂的满意度最低（表 5-2）。

表5-2 研究生对管理服务各维度满意度评价

（单位：%）

项目	非常满意	比较满意	一般	不太满意	非常不满意
图书馆	34.4	40.4	18.3	4.7	2.1
“三助”岗位	25.4	36.2	29.5	6.2	2.6
学生管理	24.9	36.6	28.9	6.9	2.8
学术交流	25.5	35.1	28.7	8.1	2.6
奖学金制度	24.7	35.7	26.3	8.8	4.5
就业指导与服务	23.7	32.7	31.9	8.6	3.1
宿舍	22.0	33.0	26.2	11.5	7.3
食堂	20.6	32.3	27.7	12.1	7.2

（六）专业学位研究生满意度

（1）专业学位研究生对研究生教育的总体满意度高于学术学位研究生。调查对象中，专业学位研究生人数为11286人，占总体28.4%。专业学位研究生对研究生教育的总体满意率为71.2%，比2015年降低了0.8百分点（72.0%），高于学术学位研究生的总体满意率（70.4%）。但专业学位研究生对课程教学、科研训练、指导教师、管理与服务方面的满意度均低于学术学位研究生（图5-23）。

专业学位研究生对研究生教育的总体满意度高于学术学位研究生

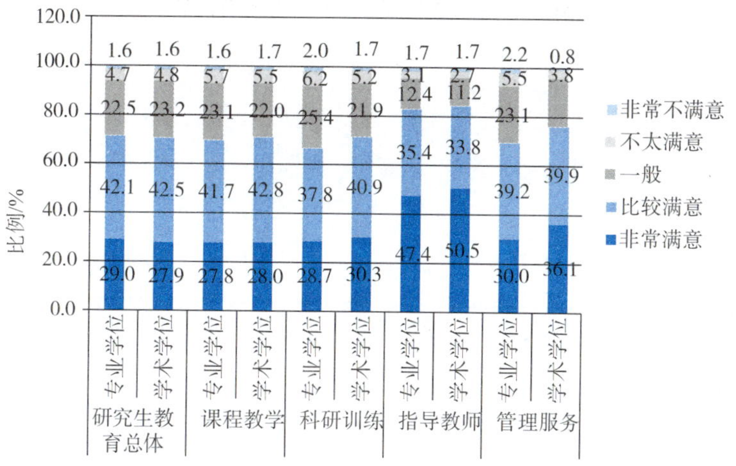

图5-23 专业学位与学术学位研究生各项满意度比较

（2）拥有校外导师的专业学位研究生比例依然偏低。仅有 30.3% 的专业学位研究生拥有校外导师。专业学位博士生拥有校外导师的比例（51.5%）远高于专业学位硕士生（28.9%）。在拥有校外导师的专业学位研究生中，有 76.2% 对校外导师表示满意（图 5–24）。

有校外导师的专业学位研究生比例依然偏低

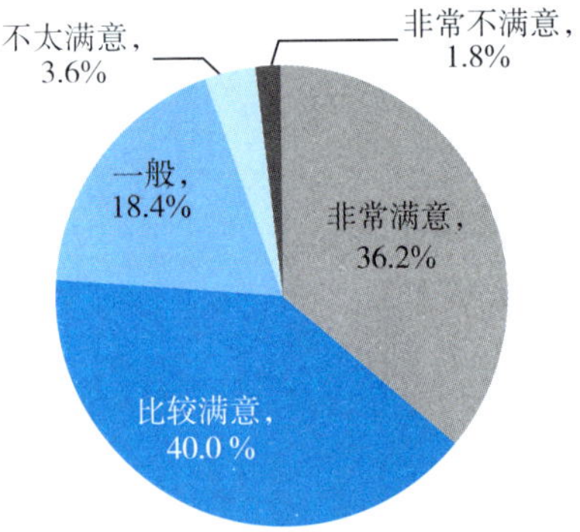

图5–24　专业学位研究生对校外导师指导满意度

专业学位研究生拥有校外导师的比率各年级差异较大，博士二年级拥有校外导师的比率最高，为 58.1%；硕士一年级拥有校外导师的比率最低，为 17.7%（表 5–3）。

表5–3　专业学位研究生拥有校外导师情况

学段	年级	有校外导师的比例/%	没有校外导师的比例/%
硕士	一年级	17.7	82.3
	二年级	38.9	61.1
	三年级	40.3	59.7
博士	一年级	45.7	54.3
	二年级	58.1	41.9
	三年级	42.9	57.1
	四年级	57.1	42.9

（3）35.6% 的专业学位研究生进入实践基地参加专业实践。专业学位博士生进入实践基地的比例（61.2%）远高于专业学位硕士生（34.5%）。在进入实践基地的专业学位研究生中，有80.9%对自己在实践基地的专业实践表示满意（图5–25）。

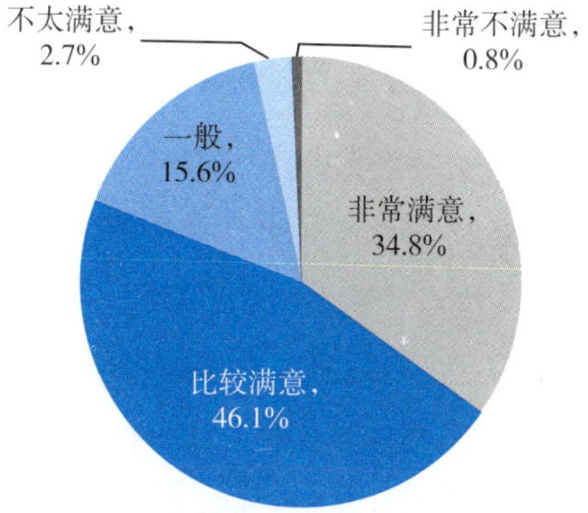

图5–25　专业学位研究生对实践基地的满意度

专业学位研究生拥有专业实践基地的比率各年级差异较大，由于硕士一年级主要为课程学习，有专业实践基地的比率最低，仅为20.8%，硕士二年级、三年级和博士有专业实践基地的比率均高于40%（表5–4）。

表5–4　专业学位研究生进入专业实践基地情况

学段	年级	有实践基地的比例/%	没有实践基地的比例/%
硕士	一年级	20.8	79.2
	二年级	44.3	55.7
	三年级	58.8	41.2
博士	一年级	45.7	54.3
	二年级	64.7	35.3
	三年级	61.0	39.0
	四年级	71.4	28.6

四、结论与分析

2016年，研究生满意度调查改进了调查方式，扩大了调查范围，调查样本量有了大幅增加，调查结果表现出不同类型培养单位满意度差距缩小、专业学位研究生满意度高于学术学位研究生、部分方面满意度较低等几个主要特点。

1. 不同类型高校研究生对研究生教育的满意度呈现均衡化趋势

2012—2016 年，不同的研究生群体对研究生教育的总体满意度的差别呈缩小趋势。从性别角度看，男生与女生之间总体满意率的差距从 2012 年的 4.6 百分点，缩小到2014年的0.9百分点，2015年、2016年男生和女生满意度基本持平。从学位层次来看，2012 年博士生的满意率比硕士生高出近 10 百分点，但 2016 年这一差距已不到 1 百分点。从学科门类来看，2012 年表现最好的学科门类（医学）比表现最差的学科门类（文学）研究生总体满意率高出近 25 百分点；2016 年，表现最好的学科门类（艺术学）与表现最差的学科门类（教育学）研究生总体满意率的差距缩小到 15 百分点。但更有意义的是不同类型高校研究生满意度之间的差距出现了明显的缩小趋势。2012 年，表现最差的其他高校（以地方高校为主）的总体满意率比表现最好的科研院所低 15 百分点左右；2016 年，总体满意度最低的仍是其他高校，但它与总体满意度最高的“985 工程”高校在总体满意率上的差距也仅有 3.6 百分点。不同类型高校研究生教育满意度的差距缩小，一定程度上说明我国研究生教育质量出现均衡化发展趋势。经过研究生教育规模的跨越式发展阶段之后，其他高校（主要是地方高校）研究生培养规模迅速提高，经过持续的资源投入、人才引进、经验积累，研究生培养的条件不断改进，培养能力不断提高，特别是随着近些年研究生教育结构的调整，不少地方高校将研究生教育改革发展的重点放在专业学位研究生教育上，利用自身优势，探索与地方行业企业紧密结合的应用型人才培养模式，取得了较好的成效，得到了学生的认可，因而缩小了与重点高校、科研院所研究生教育满意度的差距。

2. 专业学位研究生满意率连续 3 年高于学术学位研究生

2012—2016 年，专业学位研究生在调查总体样本中的比例，从 18.8% 提升至 28.4%，同时，相对于学术学位研究生，专业学位研究生对研究生教育的满意度也不断提高。2012 年和 2013 年，专业学位研究生的满意度低于学术学位研究生，但从 2014 年开始，专业学位研究生满意度反超学术学位研究生，到 2016 年已连续 3 年高于学术学位研究生（表 5–5）。这是我国专业学位研究生教育发展的必然结果。我国从 2009 年开始全面招收全日制专业学位硕士研究生，专业学位研究生规模迅速扩大。虽然教育主管部门一再强调专业学位与学术学位处于同一层次、不同类型，但在扩招之初，专业学位研究生比例不高，社会对专业学位研究生教育认可度较低，专业学位研究生生源质量较差，培养单位和导师对专业学位研究生重视不够，专业学位研究生独特的培养模式尚未形成，自然导致专业学位研究生自身对专业学位认同感较低，对研究生教育的满意度低于学术学位研究生。经过几年的发展，在教育主管部门的引导下，专业学位研究生在研究生中的比例越来越高，甚至在很多学校专业学位研究生成为硕士研究生的主体，培养单位越来越重视专业学位研究生教育，积极探索专业学位研究生培养模式与方法，政府、行业、企业也积极参与到专业学位研究生教育中来，专业学位研究生教育独特的培养模式逐渐形成，优势逐渐显现，生源质量明显好转，培养质量稳步提高，社会认可度也逐年提升，专业学位研究生的满意度上升甚至超过学术学位研究生，就是水到渠成之事。

表5-5　2012—2016年学术学位研究生与专业学位研究生满意度比较

年份	学术学位研究生/%	专业学位研究生/%
2012	63.5	61.9
2013	67.5	66.5
2014	66.2	67.0
2015	71.5	72.0
2016	70.4	71.2

3．研究生对课程教学、科研训练、管理与服务的部分方面满意度较低

整体来看，研究生对课程教学、管理与服务的满意率相对较低。具体来看，在课程教学环节，研究生对课程体系合理性、课程内容前沿性、课程教学对自身作用的评价又低于对课程教学的整体评价，仅对教师的教学水平的满意度较高。在科研训练环节，研究生对科研训练的作用评价较高，但对科研项目的学术含量、科研补贴的数量满意度较低。在管理与服务方面，除对图书馆评价较高外，研究生对学生管理、“三助”岗位、学术交流、奖学金、就业指导与服务、宿舍和食堂等各方面的满意度都比较低。这些方面无疑是研究生教育的“短板”，有待加以改进。为此，我们提出如下建议：一是按照教育部《关于改进和加强研究

生课程建设的意见》，真正重视课程教学在研究生教育中的基础性作用，加大课程教学改革力度，分类构建符合研究生成长成才需要的课程体系，提高课程的前沿性，加强课程教学管理与监督，切实为学术学位研究生开展科学研究、为专业学位研究生开展专业实践打下坚实的基础；二是重视科研训练在研究生培养中的主渠道作用，按照培养研究生科学研究、实践研究能力的要求，给研究生提供充足的参与重大科研项目的机会，加强科研过程中的指导和培养，让研究生通过参与高水平科研项目培养从事科学研究的志趣，学会科学研究的方法和规范，形成独立或合作开展科学研究的基本素养。三是继续加大研究生教育投入，创新研究生教育管理方式方法，增加服务意识和能力，为研究生学习和研究提供充足的教育资源，营造浓厚的学术氛围，创造有利于研究生成长成才的条件和环境。

第六章　研究生教育的国际述评

随着我国高等教育改革的不断推进和深化，我国研究生教育质量越来越受到世界各国媒体的广泛关注。境外媒体充分运用调查、访谈等方法深入研究我国研究生教育质量，并针对有关问题提出宝贵意见和建议。同时，国外研究生教育也正处于发展和变革的时期，各国纷纷采取措施不断提高本国研究生教育质量。

一、境外媒体评述中国研究生教育

（一）中国高校在世界大学排名中崭露头角

QS于2016年发布的高等教育系统实力排名显示我国高等教育机构所处的

国家环境位列亚洲第一

高等教育咨询公司QS于2016年3月22日发布的高等教育系统实力排名显示，我国高等教育机构所处的国家环境位列亚洲第一。在该排名中，我国高等教育系统的实力位列世界第8名，超过韩国（第9）、日本（第10）等其他亚洲国家，巩固了我国高等教育系统在亚洲的领军地位。QS称，美国的高等教育仍全球领先，英国（第2）、德国（第3）、法国（第6）、荷兰（第7）这4个欧洲国家揽下10强中的4个席位。QS的最新排名基于系统优势、教育公平、顶尖大学、财政投入4个标准。我国得分最高的一项是财政投入，排名全球第2，加权分数为99.9，仅比美国少0.1分。[①] 另外一项世界大学排名也证明了中国大学的领先地位，《泰晤士高等教育》（*Times Higher Education*）于2015年12月2日公布了最新的金砖国家和新兴经济体大学前200强排名（BRICS and Emerging Economies Rankings），中国

① QS最新排名出炉：中国高等教育系统实力世界第八[EB/OL]（2016-05-19）[2016-05-22]. http://education.news.cn/2016-05/19/c_128997057.htm.

内地高校表现优异，成绩遥遥领先。在前200强名单中，中国作为上榜高校数量最多的国家，共计有39所内地高校上榜，并且占据了前10强的半数席位。北京大学（Peking University）在该排名中博得头筹，清华大学（Tsinghua University）位居第二，中国科学技术大学、浙江大学与上海交通大学均位列前10[①]。2016年5月5日，《泰晤士报高等教育》又公布了2016年全球大学声誉排行榜（World Reputation Rankings）。中国内地高校表现抢眼，不仅有复旦大学、上海交通大学以及浙江大学3所高校首次入围百强榜，清华大学还首次冲入榜单前20名。

该排名涵盖了包括巴西、俄罗斯、印度、南非在内的35个新兴经济国家，采用与世界大学排名（The World University Rankings）相同的13项绩效指标，邀请了全球超过10000位世界大学排名权威学者进行学术声誉调查评估，并根据新兴经济体的发展需要进行了指标调整，以突出高校在新兴经济体发展过程中的重要作用。4个金砖国家的大学的排名入选情况则各有不同，在前100位排名中，印度入选高校的数量增加至11所，俄罗斯共有7所高校入选，南非共有5所高校入选，巴西则仅有4所高校入选。

（二）中国大学越来越强，但缺创造性思维

目前，在世界范围内有大约20000所高等院校，随着大学教育高度国际化，学生们会转向各类大学排行榜寻求参考。《泰晤士报高等教育》（简称THE）创刊于1971年，其公布的世界大学排名榜与QS、USNews并称为三大最具影响力的排名机构，提供最复杂也是最平衡的观点，用涵盖学校所有主要活动的13项不同的指标来考量。THE也提供给了学生对他们来说真正关心的信息，例如对榜单上的每一所学校的教学环境，都用5项不同的指标进行了详细清晰的评定。THE的高等教育排名在伦敦、芝加哥、新加坡、墨尔本都有办公室，完全独立于任何一个政府或学校。排名方法需要经过10个多月的公开咨询，听取世界范围内50多位权威专家的意见。在许多排名榜单上，用英语教学和发表论文的大学往往更具有优势，因为英语是商业和学术中最为广泛应用的语言。

---

① 徐笛薇.泰晤士报发全球大学声誉榜：清华列十八，内地三校首入百强［EB/OL］.（2016-05-05）［2016-05-22］http://www.thepaper.cn/newsDetail_forward_1464793_1.

《泰晤士报高等教育》主编费尔·巴蒂（Phil Baty）在2016年5月接受采访时表示，这些年，亚洲大学的排名上升很快，其主要原因是政府大量资金的投入，与此同时，许多西方的大学，尤其是英国和美国的大学，受到了资金削减的严重影响。这个巨大差异在榜单上明显显露出来。

和国际顶尖名校相比，中国的高校在吸引和挽留顶尖学术人才方面很成功，不过中国的学生往往欠缺创造性思维

在谈到中国的高校时巴蒂说，中国作为新兴经济体的典型代表，政治支持与经费投入在高校的发展中起到了重要的促进作用，这或将为其他新兴经济国家的高校发展提供一定的借鉴性。中国高校正迅速地缩小与西方一流大学的差距，中国高校进入世界顶尖高校的名单指日可待[①]。和国际顶尖名校相比，中国的高校有着优质的资源，在吸引和挽留顶尖学术人才方面很成功，不过中国的学生往往欠缺创造性思维，可以更多地通过深化、改革课程来逐步培养、提高。这个问题很容易理解，一些重要的措施也已经开始落实，所以未来还是很乐观。

记者问道THE是否考虑过针对本科生和研究生分开来排名，比如对于本科生来说，加大教学方面的考察比重；对研究生来说，加大对科研的比重。巴蒂称，THE认为，世界上最好的大学是那些将最好的本科教学和最前沿的科学研究结合在一起的大学。本科生不仅仅需要学会简单的事实，而且还需要学会怎么去拥有创造性思维，怎样解决问题。他们需要为一些现在不存在的将来的职业去做好充分的准备，这意味着他们需要在充满科研氛围的环境里，经历一些简单的试炼，解决一些问题。这也意味着他们需要能够拓宽知识边界的顶尖学者来教学。所以，THE将教学和科研两者结合起来，以确保学生可以真正得到大学应该提供的东西。

（三）中国的世界一流大学建设需要明确方向

2016年5月5日，加拿大约克大学查强教授针对中国建设世界一流大学发

① 徐笛薇. 专访泰晤士报大学榜主编：中国大学越来越强，但缺创造性思维[EB/OL].(2016-05-05)[2016-05-22].http://www.thepaper.cn/newsDetail_forward_1465001_1.

表评论：2015 年 10 月 24 日，中国国务院（State Council）印发了《统筹推进世界一流大学和一流学科建设总体方案》，明确阐述了下一阶段中国建设世界一流大学的规划蓝图与进程安排，计划整合现有的高等教育建设措施，进一步协调资源配置，实现世界一流大学的建设。[①] 随后，中国教育部和财政部（Ministries of Finance and Education）公布了部属高校世界一流大学建设资金激励计划。该计划基于原有的高校建设项目，以 5 年为周期，进一步明确了资金分配与使用标准，重点强调了资金管理的透明与资源利用效率，旨在为贡献突出、成就卓越的高校提供充足的资源支持，促进中国世界一流大学的建设。

中国实现建设世界一流大学的目标并非一蹴而就的，而是需要经历一个复杂的过程。目前，世界一流大学尚无一个标准的定义，尽管各类国际大学排名能在一定程度上反映高校的实力，但大部分排名主要以国际规则下高校的投入与产出为衡量指标，受到政府支持力度的显著影响，因此，这也引导了中国采取以国家力量为主导，集中建设世界一流大学的主要策略。

中国的研发支出占全球研发支出的20%。中国的出版刊物数量占世界总量的比率已上升至20%，学者数量在2008—2014年间增幅高达151%

查强教授谈到，自 2005 年起，中国政府向顶尖高校投入大量资金，提升了基础设施建设与科研实力。最新的报告数据显示[②]，中国的研发支出已上升至国际第二位，占全球研发支出的 20%。同时，中国的出版刊物数量占世界总量的比率已上升至 20%，学者数量在 2008—2014 年间增幅高达 151%。由此可见，在政府的大力支持下，中国顶尖大学的科研水平与学术成果取得了跳跃式的发展。

然而，这些成果仅能体现中国部分高校实力的增强，而高校的整体水平仍值得进一步探讨。在西方国家金融危机的背景之下，中国高校能够借此机会提高国际刊物发表数量，但随着中国经济增速的减缓，这种优势将会在以英语为主导

① Qiang Zha. *China's path to a "world class" system needs a compass*［EB/OL］. Inside Higher Ed（2016-05-05）［2016-05-22］. https://www.insidehighered.com/blogs/world-view/chinas-path-world-class-system-needs-compass.

② Clarke，Gillian，and Ingrid Lunt. "*International comparisons in postgraduate education: quality, access and employment outcomes.*"［R］（2014）.

的国际学术圈逐渐消退。此外，西方发达国家的高等教育体系发展更为完善，在教学与科研职能之外，均形成了具有自身特色的高等教育优势，如英国高校的人文教育特色、德国高校的科研理念和美国高校的社会服务职能。但是目前具有中国特色的高等教育体系尚未形成，政府文件也未指明建设具有中国特色高等教育体系的具体措施，因此，中国世界一流大学的建设需要一个具体而明确的方向。只有在大方针的指导下，中国高校才能结合本国文化的特殊性和国际影响力，形成具有中国特色的教育体系，实现高等教育的发展和世界一流大学的建设。

（四）中国高等教育发展遭遇“玻璃天花板”

2016 年 2 月 19 日英国《大学世界新闻》报道，目前，中国高等教育已取得一些成绩，“985 工程”和“211 工程”中的少数顶尖研究型大学在数 10 亿美元的资金投入与支持下具备了出色的科研能力和一流的教育环境。然而，处于上升期的中国高等教育发展正遭遇“玻璃天花板”，无形中影响和阻碍了中国大学向世界一流大学迈进。[①]

阻碍中国高等教育发展的最关键问题是不平衡的高等教育系统

首先，阻碍中国高等教育发展的最关键问题是不平衡的高等教育系统。在中国，一些顶尖大学的资金和投入并不亚于很多世界一流大学，但另外一些大学以及应用技术型学院的资源却远远达不到这样的标准。大多数正在扩招的公立和私立大学都处于高等教育系统的底部，资金缺乏且教育质量较差，这些学校的毕业生不具备进入劳动力市场的能力，面临巨大的就业挑战。

其次，过度的官僚主义体制和狭隘的学术思维方式也是阻碍高等教育发展的一大因素。实际上，政府出台的部分规章制度和政策对高等教育的发展也产生了一定的抑制作用。例如，政府规定研究领域只有被划分为传统的学科领域才能够在大学教育中得到学历认证与支持。事实上，狭隘的划分研究领域并无

① Philip G Altbach. China’s glass ceiling and feet of clay [EB/OL].(2016-02-19)[2016-05-22].http://www.universityworldnews.com/article.php？ story=20160217143711361.

意义，因为很多领域都是跨学科的研究，跨学科研究更有利于学术的创新和进步。因此，中国高等教育的科研和教学应该开拓思路，变得更加灵活，学术资金的获取机制也应采取更加开放的形式。另一项不甚合理的政策提出，为了让本院教职员工进入长聘体系，该院系必须设本科教育。其实在国际上，为了提升研究院的科研和研究生教育水平，不设本科教育是很常见的。作为一个整体，中国高等教育体系不均衡现象明显，而且大部分的科研人员不仅在职称评审和晋升方面缺乏合理的标准，而且学术自由等方面也没有得到应有的保障。目前，尽管对大学科研人员的评估机制在少数一流大学中越来越被推行，但评估机制还未能在其他大学中发挥相同的作用。

中国部分一流大学确实取得令人瞩目的发展，但是高等教育系统潜在的问题还亟待解决。而解决这些问题将是中国高等教育长远发展的重要基础。

二、国外研究生教育动态

（一）研究生教育评价发展趋势：国外研究生教育质量评价与保障

进入 21 世纪，在研究生教育自身发展、国家发展战略、国际竞争的多重需求下，世界主要发达国家纷纷将有效保障和全面提高研究生教育质量作为首要发展议题。在此形势下，研究生教育质量评价的新理念已经形成，研究生教育质量保障体系建设也呈现出更加鲜明的转型特征。①

国外研究生教育质量评价的新理念已经形成，研究生教育质量保障体系建设也呈现出更加鲜明的转型特征

世界范围内尤其是在高等教育发达国家的研究生质量评价反映出以下特征：首先，以“学”为中心的增殖性过程评价视角，评价强调以学生为中心，突出研究生教育为学生带来的积极变化；其次，以“证据”为基础的可持续的评价方式，注重实证研究的数据，以及现代科学研究方法的运用，服务于院校的自我诊断与

① 赵琳．倾听学生的声音［N］．光明日报，2014-11-23（06）．

教育改进；最后，第三方评估作为研究生教育质量保障体系建设的重要力量，将管理、评估、办学三者分离，使国家常态监测及资源配置需要、院校诊断与改进需要、社会知情与问责需求等都得到很好的回应。

在新理念的指导下，新的评价工具应运而生。美国、英国和澳大利亚都开发了具有代表性和全国影响力的调查工具：美国在很早之前就开发了本科生学习经历调查 SERU（Student Experience in the Research University），在 2014 年又将该调查延伸至研究生群体，发放调查问卷，主要测查研究生的学习经验，同时兼顾学习产出。对学习经验的调查从以下 9 个维度展开：专业社会化发展、学术氛围、教学经历、导师指导、其他支持、职业规划、学位论文、科研经历和经济资助。学术产出是通过测查学位完成情况、能力发展以及对整体满意度来加以衡量的。

澳大利亚教育研究会（ACER）和毕业生职业生涯协会（GCA）1999 年发起的研究生科研体验调查（PRES）旨在系统调查研究生对其科研经历、教学体验的感受、认知和满意度，主要关注导师提供的科研指导、培养单位营造的科研环境与氛围、科研经历与技能发展、基础设施等科研资源、论文要求与学术标准以及整体满意度。2004 年，牛津大学的学者将澳大利亚的调查理念和工具引入英国，并最终由英国高等教育研究院负责作为一项全国性调查加以推广，现已成为英国高校研究生质量保障的最重要举措之一。2008 年，英国高等教育研究院又进行了研究生教学体验调查（PTES），该调查作为研究生科研体验调查的有益补充，特别针对课程型研究生围绕课程教学的经历开展调查。教学体验调查的核心部分由 8 个模块构成：教与学、评估与反馈、论文写作与指导、组织与管理、学习资源、技能发展、职业和专业发展、整体满意度。相较于澳大利亚的调查，英国开展的调查更关注研究生的能力发展，这主要是因为英国高等教育管理部门对研究生的专业能力及培养目标有更加明确的要求。

（二）发达国家经验：美国研究生教育概况及发展趋势

1. 美国高等教育与人口就业及收入状况

根据美国国家教育数据统计中心（National Center for Educational Statistics,

简称 NCES）2016 年的统计报告[①]，美国人口的学历状况与就业情况存在密切的联系，1990—2014 年，25—34 岁人口的学历水平越高，就业率越高，相应的失业率也越低。获得学士学位及以上人口与高中学历以下人口的就业及失业率存在着显著的差异（图 6–1、图 6–2）。

从1990—2014年，25—34岁美国人口的学历水平越高，就业率越高，相应的失业率也越低

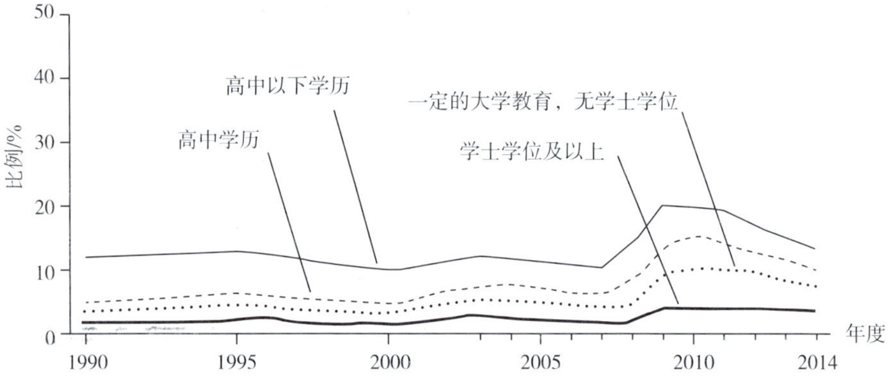

图6–1　1990—2014年美国不同学历人口失业率曲线（25—34岁）

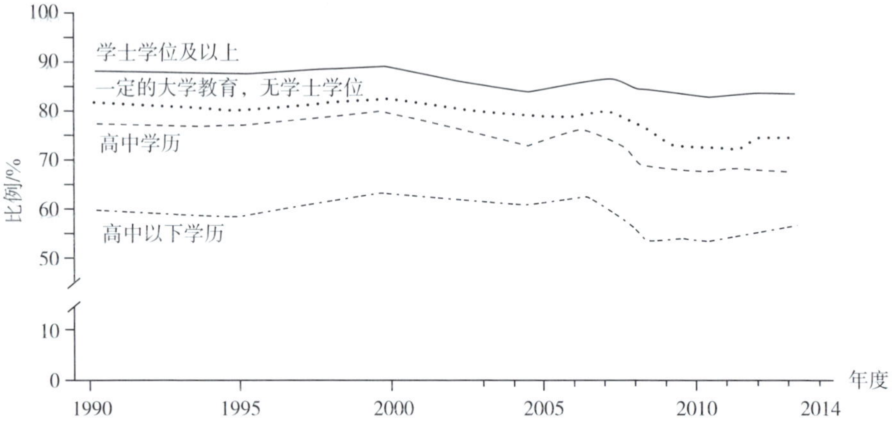

图6–2　1990—2014年美国不同学历人口就业率曲线（25—34岁）

① Snyder T. D.& Dillow S. A. *Digest of education statistics 2014*. National Center for Education Statistics（2016）.

此外，人口的受教育水平与其收入状况也存在着明显的关系，从图 6–3 中可以看出，在 25 岁以上的全职工作者中，硕士学历的人收入最高，高中以下学历的人收入最低，男性收入明显高于女性收入。

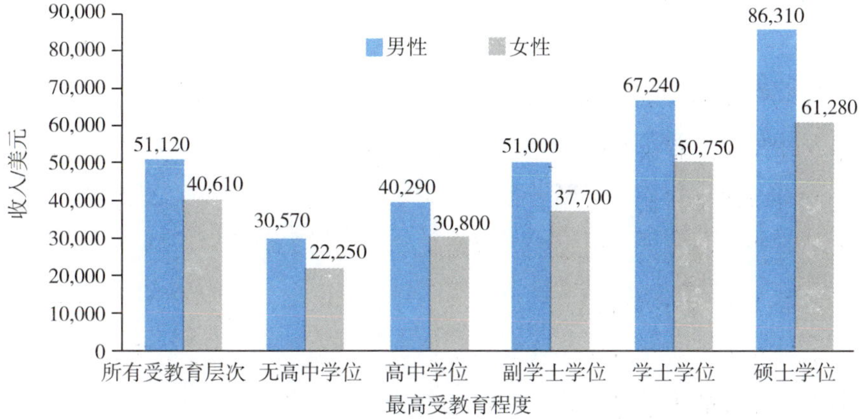

图6–3　25岁以上全职工作者最高学位与平均年收入统计

1960—2013 年，获得副学士学位、学士学位、硕士学位和博士学位的人数均逐年攀升，在此期间，副学士学位授予量增长 59%，学术学位增长 36%，硕士学位增长 45%，博士学位增长 44%。20 世纪 80 年代中期以来，女性获得副学士、学士及硕士学位的数量超过了男性。到 2013 年，获得学士学位的人数达 184 万人，获得硕士学位的人数为 75 万人，获得博士学位的人数约为 17.5 万人，见图 6–4。

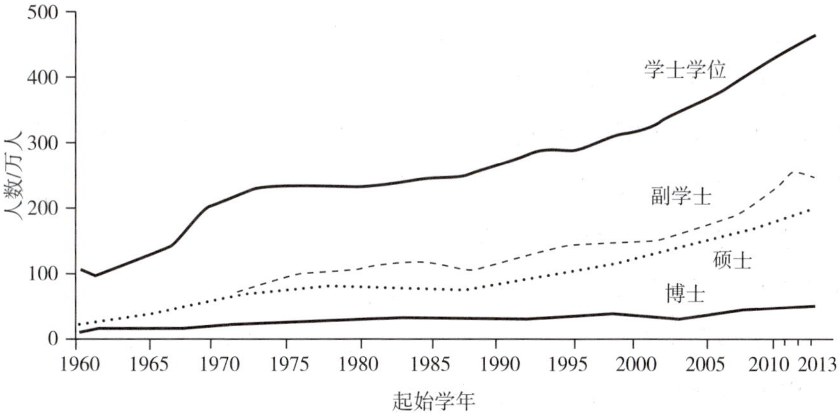

图6–4　1960—2013年美国高等教育授予学位数量的变化曲线

2. 美国高校远程研究生教育

远程研究生教育是美国远程教育体系的高端部分，在优化美国人力资源配置、帮助在职成人职业生涯发展方面发挥了重要作用

远程研究生教育是美国远程教育体系的高端部分，在优化美国人力资源配置、帮助在职成人职业生涯发展方面发挥了重要作用。[①]

受经济全球化和就业市场竞争的影响，越来越多的就业者根据自己的能力与喜好设计职业生涯规划，做出职业选择。这就需要不断学习，很多已获本科及以上文凭、处于工作岗位的成人再次接受学校教育。面对在岗学习的时空限制，他们往往会选择远程教育方式，这为美国远程教育特别是远程研究生教育的发展带来了机遇。美国的大学过去几年不断扩大远程教育规模，开展远程教育项目的大学从 2002 年的 29% 上升到 2013 年的 87%（Allen，2013）。伊利诺伊大学（简称 UIUC）教育学院开展的人力资源开发专业远程硕士教育项目是个典型。

伊利诺伊大学教育学院人力资源开发专业远程研究生教育项目始于 2000 年，已有 15 年历史，共培养学生 300 多名，每期招收学生 25—30 名。学院下设 4 个系，教育领导与政策系是其中之一，该系下设人力资源开发方向，教师 7 人，人力资源开发专业研究生教育项目以这一专业方向为依托。学院有远程教育办公室管理整个学院的远程教育项目（包括宣传与招生）。系设项目负责人，由教师兼任。

（1）项目管理。远程研究生教育项目申请必须以已有的面向在校生的课程体系为基础，也就是每门课程都须是面向在校生开过的课程。如果没有相应的面授课程及师资，项目将不会被批准。项目立项也需要经过系研究生课程委员会、学院研究生课程委员会、研究生院以及学校教学委员会的审核。

远程教育项目的招生工作由教育学院远程教育办公室负责。项目规定，每年招生一期，每期不超过 30 人。学生须已经获得本科文凭，且 GPA3.0 以上才能申报。录取以审查为主，不需面试，注重学生质量及工作经历。90% 的学生来自全美各地，伊利诺伊大学附近的学生更多一些。

① 吴峰．美国高校远程研究生教育及启示［J］．开放教育研究，2016（02）：25—29+37.

（2）项目设计。该远程研究生教育项目共开设8—9门课，大部分课程4学分，少部分课程3学分，总学分为32—36学分。项目持续约16个月、4学期，每学期开设2—3门课，每门课8—10周，学生采取在线方式学习。该项目属于教育硕士课程（Master of Education，简称MS），学生通过所有课程考核后可以获得硕士学位，不需撰写毕业论文，所获得的学位与在校生相同。

在学费收取方面，远程研究生教育项目共32学分，每学分650美元，学生修满全部课程需20800美元。由于该校是公立的，本州学生学费可减半。与在校研究生学费水平相比，远程研究生学费约低10%。

（3）教学实施。远程教育的教师、课程、教学内容、课程资源和课程作业与在校生完全相同，在线课程的评估和面授课程的评估标准也完全一致。在校生可以选择采取远程而非面授方式修读课程。由于技术的限制，教师采取远程教学比面授教学需花费更多时间，付出更多努力，比如准备材料、适应远程授课形式等，教师课后需要在线回复学生的提问，24小时内作出反馈等。在教师激励方面，教师讲授一门在线课程等同于一门面授课程的绩效。每门课程教师还会获得1万美元额外补贴，以激励教师参与远程教学。很多老师认为，在线教学的工作量约是面授教学工作量的两倍。该校目前采取Blackboard平台作为异步平台，同步平台用Blackboard Collaborate系统。异步平台供讨论、布置作业、发放讲义；同步平台用作在线课堂，教师通过同步音频视频方式讲课并与学生互动。远程教学通常安排在晚上。

（4）项目效果。远程研究生教育的质量标准与在校研究生一样，按照在校生的标准开展教学、布置作业及考试。学生考试如果不及格需要补考，课程没有完成需要延期毕业，甚至不能毕业被取消学位。这些措施使远程研究生教育与在校生教育的质量基本一致。正是由于远程研究生教育质量与在校生教育质量一致，因此，社会对远程教育的评价与在校生无异，认为远程教育和面授教育只是教学方式的不同。这一点与我国迥异。

远程教育学生有实践经验，能给教学带来经典案例与启示。特别是在教学讨论与反思环节，有工作经验的成人学生表现尤其突出。远程研究生教育促进了教学相长，理论与实践的结合，对于教师教学与课程的改进有很大裨益。

然而，远程教育项目也存在着无法回避的问题。被调查的学员认为，远程教育中教师与学生、学生与学生之间的见面少，有的学生仅在毕业时才到校，以致学生对学校归属感不强。对此，学院欢迎学生自发组织到学校来，并计划加入可供学生自主选择的校园教学环节。伊利诺伊大学图书馆系开设的“图书与信息科学”专业远程硕士项目曾获美国斯隆（Sloan）奖，其特色是保留了部分传统课堂教学环节。新生需要接受在校园举办的强化入学培训，也就是“新生训练营”。每学期，学生仍然要到学校参加1周的面授辅导，与教师面对面交流（Caroline，2004）。可见，远程教育方式需要适当的面授补充才会获得更佳的效果。

（三）美国研究生教育的主要问题

如今，许多高校的研究生院其实是让学生为他们可能永远得不到的工作做准备。问题的根源在于，研究生院的教学水平低下，无法与时俱进。而研究生教育的失败也在挑战整个高等教育的意义。福特汉姆大学英语专业教授莱纳德·卡苏托的新书《研究生院的混乱》中描述了教学水平低下的影响如何蔓延到研究生教育之外。①

所谓的“教学水平低下”，并不仅限于课堂教育。研究生的学习途径不外乎实验室、本科教学和自学。但他们需要指导。而他们获得指导的唯一途径，便是设计合理，既能满足研究生的需求，又能帮助他们实现目标的研究生课程。但目前，美国的研究生学院无法满足学生的需求。原因如下。

所有专业的博士学位均需要太长的时间，人文科学专业甚至需要9年。标准的研究生课程旨在帮助研究生做好在研究型大学求职的准备，而在研究型大学，教学负担很轻，学校对教授的期望据说是专注于发表论文，而不是教学。

事实上，大多数博士生无法得到这些理想的工作。美国大多数教授职位所在的高校，均有更高的课业负担，并且学校希望教授们将更多的精力投入到教学当中。然而，多数研究生课程仍未调整其教学方式以应对这样的现实。他们的教育，最终变成了使研究生们为大多数人不可能得到的工作做准备；经过多年努力终于获得博士学位的人，均怀揣着获得一份终身职位的梦想，但最终实

① Cassuto L. *The Graduate School Mess: What Caused It and How We Can Fix it*［M］. Harvard University Press，2015.

现这一梦想的可能性不足 50%，尽管不同专业的结果会有所差异；教学密集型工作在数量上超过研究型工作。因此，未能获得教授职位的人形成了一个庞大的、愤怒的、充满怨恨的助教群体，在许多公立大学，这个群体的工资水平垫底已经成为必然。从本质上而言，这些彼此关联的问题就是研究生教育彻底失败的明证。

多项研究发现，人文科学专业的研究生，对他们所学专业的价值与目的充满困惑。他们清楚学术性工作市场的竞争是多么激烈，他们感觉自己并没有做好成功的准备。甚至对于非学术类工作，学生们也感觉并未做好准备，因为人文科学专业的研究生课程专注于复制：研究型大学的教授们通常会使学生们变成一个个年轻的自己。因此，研究生院并未使学生们为高校内外的工作机会做好准备。更糟糕的是，研究生院的教授们不仅没能帮助学生们在毕业时做好争夺就业机会的准备。事实上，他们告诉学生们不要重视这些工作，在极端情况下，甚至诱导他们不要去想这些工作。这些问题均源自于一种高校文化——鼓励研究，将教学视为一种必要的附带品。

高校需要明白，研究生院不仅要产生研究成果，还要培养出符合不同类型工作要求，并且对工作感兴趣的毕业生

但在如今经济低迷的情况下，高校需要明白，研究生院不仅要产生研究成果，还要培养出符合不同类型工作要求，并且对工作感兴趣的毕业生。大型研究生院是时候进行一些新的尝试了。这并不是说研究生院应该变成在线模式——它需要更小的规模。研究生院必须明白，研究生也需要拥有职业生涯，并对这种实际需求做出响应。

最近，研究生教育领域也在朝变革的方向发展。人文科学专业的某些学科组织和个人机构，正在尝试帮助研究生更快完成学业，了解他们将要面对的职业选择。高校不需要放弃他们的研究使命，只要他们能够牢记，研究生教育与其他教育一样，同样需要优质的教学。只有如此，他们才有机会让研究生教育重新走上正轨。优质的研究生教育将在最关键的地方发挥影响。研究生，这个高校内最弱小的群体，也可以藉此改善他们的生活。

（四）亚洲国家研究生教育质量

1. 申请美国博士学位生源中，中国和印度占比稳居第一

数据显示[①]，在美国博士学位申请生源中，中国和印度的申请数量占比仍然稳居第一，最近一学期的数据显示，两国总占比数为79%。不过，数量呈下降趋势。2013—2014年，中印留学生在美国申博率由10%下降到3%，入学注册率由8%下降到5%，但仍然高于美国国内博士申请率（2%）。中印两国首次在美国注册硕士学位和学历课程的学生数量在生源总量中各占36%。

印度在硕士学位和学历证书课程申请中，比重呈上升趋势，并且总数已经超过中国。印度在美留学的数量正在以增长的态势迎头追赶中国。从2014年秋到2015年秋，印度在美留学生增长率为12%，相比过去的两个学期，其留学生申请率呈下降趋势。

值得注意的是，一半留美研究生选择科学、技术、工程和数学（STEM）4个领域进行深造，这对美国的科研发展和劳动力市场需求至关重要。尽管中国留美学生人数已经连续3年呈下降趋势，仍是最大的国际研究生源国，2015年为231751人，占美国国际研究生总数的39%。

2. 金砖5国在研究生教育和科研合作上达成新的协议

2015年11月，金砖5国（俄国、巴西、南非、印度、中国）就研究生教育和科研合作签署了一项意义深远的协议[②]。根据协议，5国将加强在硕士研究生、博士研究生培养以及科研成果共同发表等方面的合作。2015年10月，在莫斯科国立大学举行了金砖国家的全球峰会，来自5个国家著名大学的400多名代表出席了会议。会议主题是分享高等教育发展经验和促进高等教育发展的措施。试图在师资力量、政府支持、发展理念、技术支持等方面加大合作，致力各国的高等教育发展。

---

① Brendan O' Malley. *UNITED STATES Survey challenges thinking on foreign graduate students*，2015 Issue No:395［EB/OL］. University World News（2015-12-22）［2016-05-22］. http://www.universityworldnews.com/article.php？ story=20151222195640124.

② Issue No:391，*New BRICS deal on education*，*research collaboration*［EB/OL］.University World News（2015-12-21）［2016-05-22］.http://www.universityworldnews.com/article.php？ story=20150904154204666.

金砖国家大学是5国在科研合作上的一项重大举措，南非高等教育部部长表示南非12所高校率先被提名参与5国科研合作将拉开金砖国家在研究生教育和科研合作上的发展新序幕。

该协议明确指出其成员国有义务积极支持科研合作项目，鼓励提高在硕士生教育、博生生教育、博士后教育等合作项目上的办学水平，并提倡金砖国家合力发表有创新性的科研成果。

南非高等教育部部长指出，南非高等教育与培训部已经建立了国家协调委员会，充分发挥政府和学术界成员在金砖国家教育问题上的监督作用。

在2016年年初巴西分会上，金砖国家同意加强高等教育的国际化和学术流动性，提高职业技术教育水平，努力确保素质教育包容性和公平的。

南非高等教育部长表示，金砖国家要通过合作来改善教学和教师教育的质量，建立金砖国家全民教育工作小组制定教育发展报告，分享发展理念和方法，并根据各国国情为其提供技术支持。此外，还强调了要把技术和职业教育与培训作为金砖国家开展战略合作的重点领域，指出技术和职业而教育有应对经济危机带来的失业，不平等和贫困问题等挑战。

金砖国家在知识共享和创新，加强科研合作上的具体举措如下：采取特殊政策促进和鼓励研究人员之间的交流，包括简化签证程序，减少审批时间；加强专利注册合作，促进科研成果转化；成立专利基金，资助科技成果产出；支持研究人员和机构的合作项目，创建金砖国家框架计划，鼓励通过新的开发银行进行科研合作项目融资。

- 促进技术和知识转移，建立基金存储库
- 建立创新和技术研究所
- 关注贫穷和边缘化群体的利益，增加技术创新的包容性
- 开展科研究融资的比较评估
- 加强大学与产业之间的联系，大力支持科研孵化中心的发展
- 重振研究型大学发展，加大政府及民间资本支持

附录一　中国学位与研究生教育质量要事志（2015年）

1 月 20 日

国务院学位委员会办公室发出通知，对于独立设置中医专业学位有关事项进行了说明，同时将“全国临床医学（中医学）、中药学专业学位研究生教育指导委员会”更名为“全国中医、中药学专业学位研究生教育指导委员会”。

独立设置中医专业学位

将“农业推广硕士”定名为“农业硕士”

国务院学位委员会办公室发出通知，对于将“农业推广硕士”定名为“农业硕士”的有关事项加以说明，同时将“全国农业推广专业学位研究生教育指导委员会”更名为“全国农业专业学位研究生教育指导委员会”。

1 月 27 日

国务院学位委员会、教育部联合下发《关于调整专业学位授予和人才培养目录的通知》，调整《学位授予和人才培养学科目录》中所附的《专业学位授予和人才培养目录》，将“农业推广”更名为“农业”，代码“0951”不变；同时增加中医博士、硕士，代码为“1057”。

3 月 15 日

“全国学位与研究生教育质量信息平台”面向各单位正式运行

国务院学位委员会办公室委托教育部学位与研究生教育发展中心开发的“全

国学位与研究生教育质量信息平台”面向各单位正式运行使用。该平台是我国学位与研究生教育的一个综合信息平台，具备信息公开、信息共享、信息服务和业务支撑 4 项基本功能。

3 月 26 日

教育部办公厅下发文件，决定自 2015 年起，不再招收 7 年制临床医学专业学生，将 7 年制临床医学专业招生调整为临床医学专业（“5+3”一体化），即 5 年本科阶段合格者直接进入本校与住院医师规范化培训有机衔接的 3 年临床医学硕士专业学位研究生教育阶段。通知中还对调整模式后的招生计划和学生学籍注册及在校学生的培养问题进行了说明。

不再招收七年制临床医学专业学生

4 月 1 日

由各专业学位研究生教育指导委员会编写的、按专业学位类别制订的《专业学位类别（领域）博士、硕士学位基本要求》由高等教育出版社出版。该文献为学位授予单位制订研究生培养方案和学位授予标准提供了依据，为导师培养学生提供了参考，为教育行政部门开展质量监督提供了标准。

《专业学位类别(领域)博士、硕士学位基本要求》正式出版

4 月 27 日

国务院学位委员会印发了修订后的《教育硕士专业学位设置方案（2015 年修订）》，1996 年发布的原设置方案同时废止。新方案将教育硕士的培养目标扩展到了中等职业技术教育教学及管理人员。

《教育硕士专业学位设置方案（2015年修订）》印发

5 月 7 日

教育部下发《关于加强专业学位研究生案例教学和联合培养基地建设的意

见》，对加强专业学位研究生案例教学和联合培养基地建设提出了 17 条意见。

《关于加强专业学位研究生案例教学和联合培养基地建设的意见》发布

5 月 27 日

国务院学位委员会办公室公布了 2014 年在职人员攻读硕士专业学位录取结果排序办法和排序名单。通报批评了沈阳师范大学、青海民族大学、河北大学、西藏大学、哈尔滨商业大学、中北大学、华侨大学、东北石油大学、西安工业大学、中国矿业大学（北京）、西华大学、成都理工大学、江西理工大学、南华大学、上海理工大学、兰州交通大学、解放军海军工程大学、中南林业科技大学、内蒙古农业大学、西安工程大学、暨南大学、解放军空军工程大学、哈尔滨工业大学、西南交通大学、解放军后勤工程学院、西北工业大学、西南民族大学、沈阳农业大学、重庆大学、中南大学、哈尔滨医科大学、西北师范大学、中国海洋大学、湖南农业大学 34 所高校，这些学校相关的专业学位类别受到通报批评；公布了停招单位名单，贵州师范大学、天津体育学院、西安工程大学、新疆农业大学、延边大学、华中科技大学、解放军第四军医大学、新疆医科大学、天津职业技术师范大学、贵州大学 10 所高校相关学位类别 2015 年被停止招生。

34所高校相关的专业学位类别受到通报批评

10所高校相关学位类别2015年被停止招生

5 月 29 日

国务院学位委员会印发了《临床医学硕士专业学位研究生指导性培养方案》《口腔医学硕士专业学位研究生指导性培养方案》《中医硕士专业学位研究生指导性培养方案》和《关于授予具有研究生毕业同等学力人员临床医学、口腔医学和中医硕士专业学位的试行办法》。新的方案是根据教育部等六部门《关于医教协同深化临床医学人才培养改革的意见》和相关文件精神制定的。新方案下达后，《临床医学专业学位试行办法》（学位〔1998〕6号）和《口腔医学专业学位试行办法》（学位〔1999〕36号）中的相关内容同时废止。

6月10日

国务院学位委员会下达了调整确认后的临床医学、中医专业学位授权点名单。由于中医专业学位从临床医学专业学位中分离，独立设置了中医博士、硕士专业学位，因此原临床医学博士、硕士专业学位授权点进行了相应的调整。调整确认后的临床医学博士、硕士专业学位授权单位有北京大学等35所院校；中医博士、硕士专业学位授权单位有首都医科大学等17所高校；临床医学硕士专业学位授权单位有清华大学等75所院校；中医硕士专业学位授权单位有河北大学等28所高校。

6月11日

国务院学位委员会、教育部联合下发《关于增设网络空间安全一级学科的通知》，决定在“工学”门类下增设“网络空间安全”一级学科，学科代码为“0839”，授予“工学”学位。

增设“网络空间安全”一级学科

国务院学位委员会办公室下发通知，决定在教育硕士专业学位授权单位组织开展教育硕士（职业技术教育）专业学位研究生教育试点工作，通知对试点工作的任务和目标、试点单位的申请条件加以说明。

6月23日

教育部学位管理与研究生教育司发出《关于开展深化专业学位研究生教育综合改革工作的通知》，决定在原有改革试点工作基础上，选取部分单位开展深化专业学位研究生教育综合改革工作。经过遴选，12所部属高校、3个地方省（市）教育主管部门和3个全国专业学位研究生教育指导委员会获准开展深化专业学位研究生教育综合改革试点工作。它们是：北京大学、清华大学、中国农业大学、南京大学等12所部属高校，上海市、江苏省、广东省教育主管部门，工程硕士、法律硕士、会计硕士等全国专业学位研究生教育指导委员会。

6 月 26 日

国务院学位委员会、教育部印发了《学位证书和学位授予信息管理办法》，规定自 2016 年 1 月 1 日起，学位证书由各学位授予单位自行印制，国务院学位委员会办公室印制的学位证书不再使用。

学位证书由各学位授予单位自行印制

7 月 28 日

国务院学位委员会办公室公布了教育硕士（职业技术教育）专业学位研究生教育试点单位的确认结果，北京理工大学等 45 所院校获准开展教育硕士（职业技术教育）专业学位研究生教育试点工作。

45所院校获准开展教育硕士（职业技术教育）专业学位研究生教育试点

9 月 18 日

国务院学位委员会办公室向有关学位授予单位反馈了 2014 年博士学位论文抽检通信评议的结果。今后将通过“全国学位与研究生教育质量信息平台”，公布各学位授予单位“存在问题学位论文”的篇数和比例。

2014年博士学位论文抽检通信评议的结果反馈到各单位

9 月 30 日

国务院学位委员会办公室发文同意对西藏大学开展教育硕士（职业技术教育）专业学位研究生教育试点工作予以确认，西藏大学获准开展教育硕士（职业技术教育）专业学位研究生教育试点工作。

10 月 16 日

教育部下发《关于做好深化专业学位研究生教育综合改革试点工作的通知》，

将综合改革试点工作周期定为2015年10月—2020年9月，要求综合改革试点单位每年9月提交《深化专业学位研究生教育综合改革试点工作年度进展报告》教育部将按照各单位《任务书》和《年度进展报告》，适时组织专家进行检查、评估和总结，并对改革试点工作给予相应支持。

10月25日

由教育部学位与研究生教育发展中心、中国学位与研究生教育学会、中国研究生院院长联席会共同举办的中国研究生教育国际论坛（2015）在北京国家会议中心召开，来自国内外400多名研究生教育领域的政府官员、专家学者与高校代表出席了论坛。论坛主题为“世界研究生教育发展趋势：展望2020”。教育部副部长刘利民、中国学位与研究生教育学会会长赵沁平院士、欧洲大学联盟博士生教育委员会主席梅丽塔·克瓦塞维克女士、国家自然科学基金委员会主任杨卫院士出席开幕式并作报告。

中国研究生教育国际论坛（2015）在北京召开

10月30日

国务院学位委员会下发了《关于开展增列网络空间安全一级学科博士学位授权点工作的通知》，决定增列“网络空间安全”一级学科博士学位授权点，同时公布了申请新增“网络空间安全”一级学科博士学位授权点的学位授予单位应具备的基本条件。

11月5日

国务院印发《统筹推进世界一流大学和一流学科建设总体方案》

国务院印发《统筹推进世界一流大学和一流学科建设总体方案》（简称《总体方案》），要求按照“四个全面”战略布局和党中央、国务院决策部署，坚持以中国特色、世界一流为核心，以立德树人为根本，以支撑创新驱动发展战略、服务经济社会发展为导向，坚持“以一流为目标、以学科为基础、以绩效为杠杆、以改革为动力”的基本原则，加快建成一批世界一流大学和一流学科。根据《总体方案》，到2020年，我国若干所大学和一批学科进入世界一流行列，若干学科进入世界一流学科前列；到2030年，更多的大学和学科进入世界一流行列，若干所大学进入世界一流大学前列，一批学科进入世界一流学科前列，高等教育整体实力显著提升；到21世纪中叶，一流大学和一流学科的数量和实力进入世界前列，基本建成高等教育强国。

“以一流为目标、以学科为基础、以绩效为杠杆、以改革为动力”

11月10日

国务院学位委员会下发了《关于开展博士、硕士学位授权学科和专业学位授权类别动态调整工作的通知》和《博士、硕士学位授权学科和专业学位授权类别动态调整办法》，决定自2016年起，将博士、硕士学位授权学科和专业学位授权类别动态调整工作的实施范围扩大到全国。由各省、自治区、直辖市学位委员会和中国人民解放军学位委员会分别根据相关文件精神，组织实施各学位授予单位的学位授权点动态调整工作，并于当年6月底前将每年的调整结果报送至国务院学位委员会办公室。同日，国务院学位委员会下达了2015年动态调整撤销和增列的学位授权点名单。

12月3日

中国高质量MBA教育认证工作委员会会议召开

中国高质量MBA教育认证工作委员会会议，在上海复旦大学召开。会议审议通过了天津大学管理与经济学部和西南财经大学工商管理学院、西部商学院两家单位的认证结果，认证有效期为5年，以及大连理工大学管理与经济学部、北京交通大学经济管理学院、重庆大学经济与工商管理学院、中央财经大学商学院4家单位申请认证的资格。至此，中国高质量MBA教育认证已有11家单位通过认证，北京大学、中国人民大学、南京大学、中山大学等16家单位正在进行认证，自愿参加 CAMEA 认证单位已超过全国 MBA 培养单位的 10%。

12 月 26—27 日

2016 年全国硕士研究生入学考试举行。根据 11 月 1 日开始施行的《中华人民共和国刑法修正案（九）》，在此次考试中让他人代替自己参加考试的考生虎某及代替他人参加考试的“枪手”侯某，均因犯代替考试罪被北京市海淀区法院判处拘役 1 个月、罚金 10000 元，成为《刑法修正案（九）》实施后的首例“替考”案。

《刑法修正案（九）》实施后的首例“替考”案结案

附录二　2015年（第五届）学位与研究生教育优秀博士学位论文评选结果

为激发学位与研究生教育学科博士研究生的创新能力，鼓励本学科研究生创造高质量的科研成果，提高研究生的培养质量，提升我国研究生教育研究水平，推动学位与研究生教育学科的建设和发展，中国学位与研究生教育学会于2015年开展了第五届“学位与研究生教育优秀博士学位论文评选”工作。

2015年“学位与研究生教育优秀博士学位论文评选”的评选对象为2014年1月1日至2014年12月31日在国内获得博士学位者所撰写的学位论文，论文内容与学位与研究生教育和管理等内容相关。

评选工作由中国学位与研究生教育学会统一领导，中国学位与研究生教育学会评估委员会组织实施。根据《学位与研究生教育优秀博士学位论文评选办法》，经过各项评选程序，3篇论文被评为2015年（第五届）学位与研究生教育优秀博士学位论文，详见下表。

第五届学位与研究生教育优秀博士学位论文名单

（按论文作者姓氏笔画为序）

单位	论文作者	指导教师	论文题目
清华大学	王顶明	袁本涛	规范、行动与质量：管理者视角的博士生培养过程管理研究
厦门大学	包水梅	王洪才	我国高校学术型博士研究生课程建设研究
北京师范大学	张秀峰	高益民	美国专业学位教育研究——基于“专业性”的视角

附录三　第六届《学位与研究生教育》优秀论文名单

自1984年《学位与研究生教育》创刊以来，学位与研究生教育杂志社在国务院学位委员会办公室的领导和支持下，会同中国学位与研究生教育学会已经举办了5次优秀论文评选活动。优秀论文评选工作推广和宣传了我国学位与研究生教育领域的优秀研究成果，促进了研究生教育理论和工作研究，得到了广大读者、作者和研究生培养单位的大力支持。为表彰优秀作者、推进学位与研究生教育研究工作，杂志社于2015年开展了第六届《学位与研究生教育》优秀论文的评选工作。

第六届《学位与研究生教育》优秀论文的评选对象为发表在《学位与研究生教育》2012年第1期至2014年第12期上的论文共601篇，经过作者自荐、读者推荐和单位推荐，共有106篇论文进入初选名单。根据通信评审结果，有46篇候选论文进入最终评审名单。

2015年6月，在《学位与研究生教育》编辑部工作会议上，与会的近40名编委与特邀代表对入围的46篇论文进行投票，选出了第六届《学位与研究生教育》优秀论文35篇，其中一等奖论文5篇，二等奖论文10篇，三等奖论文20篇。优秀论文评选结果上报了国务院学位委员会办公室和中国学位与研究生教育学会并获得审批。第六届《学位与研究生教育》优秀论文名单见下表。

第六届《学位与研究生教育》优秀论文名单

一等奖			
作者	论文题目	第一作者单位	刊期
黄宝印　徐维清 张艳　郝彤亮	加快建立健全我国学位与研究生教育质量保证和监督体系	教育部学位管理与研究生教育司	2014（3）

续表

一等奖			
作者	论文题目	第一作者单位	刊期
汪玲	临床医学专业学位教育综合改革的探索和创新——以上海“5+3”人才培养模式为例	复旦大学	2012（10）
张淑林　万明　裴旭	我国研究生教育体制改革价值取向的思考	中国科学技术大学	2012（9）
袁本涛　王传毅　胡轩　冯柳青	我国在校研究生对国际高水平学术论文发表的贡献有多大?——基于ESI热点论文的实证分析(2011—2012)	清华大学	2014（2）
林梦泉　朱金明　唐振福　吕磊　梁莹	学位点质量评估协同机制探究	教育部学位与研究生教育发展中心	2013（7）
二等奖			
作者	论文题目	第一作者单位	刊期
董泽芳　何青　张惠	我国研究生创新能力的调查与分析	华中师范大学	2013（2）
张乐平　朱敏　王应密	研究型大学全日制专业学位硕士研究生培养特性及矛盾分析	华南理工大学	2013（8）
赵世奎　张帅　沈文钦	研究生参与科研现状及其对培养质量的影响——基于部分高校和科研单位的调查分析	北京航空航天大学	2014（4）
周文辉　王战军　刘俊起　李明磊　吴晓兵　周玉清　赵清华	我国研究生教育满意度调查——基于在读研究生视角	北京理工大学	2012（12）
朱爱红　赵清华　范振东	我国军队院校学科分布与发展现状研究	海军航空工程学院	2014（5）
张晓宁　杨晓江	构建省级专业学位研究生教育质量保障体系的实践与思考——以江苏省为例	江苏省学位办	2013（4）
李丽　王前	基于实证的博士生教育质量影响因素分析	大连理工大学	2012（9）

续表

二等奖			
作者	论文题目	第一作者单位	刊期
文雯　袁本涛	国际视野下研究生教育科类结构调整的动因分析	清华大学	2012（8）
李海生	我国博士生延期完成学业的影响因素分析——基于对42所研究生院的问卷调查	华东师范大学	2012（5）
罗英姿　程俊	以学生为中心的博士生教育质量评价	南京农业大学	2014（6）
三等奖			
作者	论文题目	第一作者单位	刊期
高磊　赵文华	美国学科交叉研究生培养的现状及启示——以美国研究生教育与科研训练一体化项目为例	上海交通大学	2014（8）
宋平甄　良高栋	构建高水平全日制专业学位研究生课程体系	哈尔滨工业大学	2014（9）
夏骄雄　杨雪　束金龙	省级学位与研究生教育信息化平台建设的构想——以上海市为例	上海市教育委员会	2014（11）
胡伟力　陈地龙　陈怡婷　汪玲　谢鹏	临床医学专业学位研究生教育与住院医师规范化培训“双轨合一”的难点及对策研究	重庆医科大学	2013（2）
胡晓阳　贾爱英	博士生培养过程中和谐指导模式的构建——基于对北京大学在校博士生的调查	北京大学	2012（3）
王传毅　王顶明　赵丽娜	经济危机下西方国家研究生教育之改革趋向（2009—2012）	武汉大学	2013（10）
张静宁	美国大学“学术资本主义”环境下的研究生教育所面临的挑战和机遇	东南大学	2014（5）
黄俊平　陈秋媛	博士生延期毕业的现状、原因及对策建议——以北京大学延期博士生情况调查为例	北京大学	2013（7）
耿有权　曹蕾　宛敏	研究生管理者视角下拔尖创新人才培养研究——基于全国14所重点高校问卷调查分析	东南大学	2013（2）

续表

三等奖			
作者	论文题目	第一作者单位	刊期
张秀峰　高益民	高职院校开展专业学位教育的理论矛盾和现实选择	北京师范大学	2013（8）
秦琳	从师徒制到研究生院——德国博士研究生培养的结构化改革	北京大学	2012（1）
李金龙　张淑林　裴旭　陈伟	协同创新环境下的研究生联合培养机制改革	中国科学技术大学	2014（9）
王东芳　沈文钦　李素敏	美国博士生培养的结构化模式及其全球扩散——以经济学科为案例	天津师范大学	2014（8）
李艳丽　王俊胡涛孟林	构建以科研为导向的博士生选拔和激励机制——基于博士生科研绩效测度和影响因素的分析	中国人民大学	2014（8）
罗志敏　王惠惠	学术道德规范给力吗？——基于92所“211工程”高校的相关文本分析	云南大学	2014（9）
朱利斌　吴帆　汪华侨	基于高质量学术型博士生培养的招生机制探讨	中山大学	2014（6）
张冉　申素平	国家学位制度与大学学位制度的比较分析	中国人民大学	2013（9）
高阳　王传毅　赵世奎	日本研究生教育政策评价的机制及特征——基于“加强研究生教育的系统性”政策的案例研究	清华大学	2014（7）
孟卫青	研究生奖助体系设计的理念、模式与策略	广州大学	2013（12）
刘源　张振刚　朱永东	研究生教育质量保障要素与质量特征要素相关研究	华南理工大学	2014（12）

附录四　2014年学位授权点专项评估结果及处理意见

2016年3月16日国务院学位委员会以学位［2016］5号文件（《国务院学位委员会关于下达2014年学位授权点专项评估结果及处理意见的通知》）下达了2014年学位授权点专项评估结果及处理意见。此次专项评估结果由国务院学位委员会第三十二次会议审议通过，共有41个研究生培养单位的4个博士学位授权点、4个硕士学位授权点和42个专业学位授权类别（领域）的评估结果为“不合格”，详见附表4–1。

评估结果为“合格”的学位授权点，可继续行使学位授权。评估结果为“限期整改”的学位授权点，自发文之日起进行为期2年的整改，2016年招生工作结束后暂停招生。整改结束后接受复评，复评结果为“合格”的恢复招生，复评结果达不到“合格”的撤销学位授权。评估结果为“不合格”的学位授权点，自发文之日起撤销学位授权，5年之内不得重新申请。2016年招生工作结束后不得招生，在学研究生按原渠道培养、授予学位。撤销的学位授权点数，由各省级学位委员会按规定统筹用于本地区学位授权点动态调整，但不得用于本次按“不合格”撤销学位授权点的学位授予单位。学位授予单位主动提出放弃授权的学位授权点(附表4–2)，自发文之日起撤销学位授权。2016年招生工作结束后不得招生，在学研究生按原渠道培养、授予学位。撤销的学位授权点数，优先用于放弃授权点的学位授予单位进行学位授权点动态调整。限期整改和撤销授权的博士学位授权点，其同一学科的硕士学位授权点继续行使硕士学位授权并招收硕士研究生。

附表4–1　评估不合格及限期整改的学位授权点名单

序号	学位授予单位名称	学科名称/专业学位类别	评估结果	授权类别
1	太原理工大学	管理科学与工程	限期整改	博士学位授权学科

续表

序号	学位授予单位名称	学科名称/专业学位类别	评估结果	授权类别
2	东北大学	统计学	不合格	博士学位授权学科
3	同济大学	法学	不合格	博士学位授权学科
4	中国科学技术大学	公共管理	不合格	博士学位授权学科
5	山东大学	新闻传播学	限期整改	博士学位授权学科
6	国防科学技术大学	公共管理	限期整改	博士学位授权学科
7	华南理工大学	法学	不合格	博士学位授权学科
8	海南大学	信息与通信工程	限期整改	博士学位授权学科
9	第四军医大学	中药学	限期整改	博士学位授权学科
1	首都师范大学	新闻传播学	不合格	硕士学位授权学科
2	北京信息科技大学	电气工程	限期整改	硕士学位授权学科
3	中国科学院大学	生物医学工程	限期整改	硕士学位授权学科
4	山西医科大学	中药学	限期整改	硕士学位授权学科
5	大连大学	音乐与舞蹈学	限期整改	硕士学位授权学科
		美术学	限期整改	硕士学位授权学科
		设计学	限期整改	硕士学位授权学科
6	黑龙江大学	管理科学与工程	限期整改	硕士学位授权学科
7	黑龙江科技大学	数学	不合格	硕士学位授权学科
8	安徽医科大学	生物医学工程	限期整改	硕士学位授权学科
9	福建师范大学	生物医学工程	限期整改	硕士学位授权学科
10	聊城大学	管理科学与工程	不合格	硕士学位授权学科
11	云南艺术学院	民族学	限期整改	硕士学位授权学科
12	西安电子科技大学	公共管理	限期整改	硕士学位授权学科
13	陕西中医药大学	临床医学	限期整改	硕士学位授权学科
14	延安大学	信息与通信工程	限期整改	硕士学位授权学科
15	西安财经学院	管理科学与工程	不合格	硕士学位授权学科

续表

序号	学位授予单位名称	学科名称/专业学位类别	评估结果	授权类别
16	宁夏医科大学	公共管理	限期整改	硕士学位授权学科
1	北京大学	审计硕士	限期整改	专业学位授权类别
2	中国人民大学	审计硕士	限期整改	专业学位授权类别
		艺术硕士	限期整改	专业学位授权类别
3	北京交通大学	公共管理硕士	不合格	专业学位授权类别
4	北京工业大学	工程管理硕士	限期整改	专业学位授权类别
5	北京航空航天大学	工程管理硕士	限期整改	专业学位授权类别
6	北京科技大学	会计硕士	限期整改	专业学位授权类别
7	北京邮电大学	公共管理硕士	限期整改	专业学位授权类别
8	对外经济贸易大学	审计硕士	限期整改	专业学位授权类别
9	中国人民公安大学	公共管理硕士	限期整改	专业学位授权类别
10	华北电力大学	翻译硕士	限期整改	专业学位授权类别
11	中国科学院大学	工程博士（领域：电子与信息）	不合格	专业学位授权类别
12	南开大学	审计硕士	限期整改	专业学位授权类别
13	天津大学	会计硕士	限期整改	专业学位授权类别
14	天津科技大学	艺术硕士	限期整改	专业学位授权类别
15	天津师范大学	艺术硕士	限期整改	专业学位授权类别
16	天津财经大学	法律硕士	限期整改	专业学位授权类别
17	河北大学	资产评估硕士	限期整改	专业学位授权类别
18	河北科技大学	艺术硕士	限期整改	专业学位授权类别
19	河北农业大学	工程硕士（领域：建筑与土木工程）	限期整改	专业学位授权类别
		工程硕士（领域：项目管理）	不合格	专业学位授权类别
		公共管理硕士	不合格	专业学位授权类别
20	河北医科大学	公共卫生硕士	限期整改	专业学位授权类别
		护理硕士	不合格	专业学位授权类别

续表

序号	学位授予单位名称	学科名称/专业学位类别	评估结果	授权类别
21	河北经贸大学	公共管理硕士	限期整改	专业学位授权类别
22	辽宁大学	工程硕士（领域：计算机技术）	不合格	专业学位授权类别
23	大连理工大学	艺术硕士	限期整改	专业学位授权类别
24	东北大学	体育硕士	限期整改	专业学位授权类别
25	辽宁医学院	口腔医学硕士	不合格	专业学位授权类别
26	辽宁师范大学	工程硕士（领域：计算机技术）	不合格	专业学位授权类别
		工程硕士（领域：化学工程）	不合格	专业学位授权类别
27	大连大学	工程硕士（领域：环境工程）	不合格	专业学位授权类别
28	吉林大学	教育硕士	不合格	专业学位授权类别
		翻译硕士	限期整改	专业学位授权类别
		艺术硕士	限期整改	专业学位授权类别
29	北华大学	翻译硕士	不合格	专业学位授权类别
30	哈尔滨理工大学	翻译硕士	限期整改	专业学位授权类别
31	佳木斯大学	工程硕士（领域：材料工程）	不合格	专业学位授权类别
		口腔医学硕士	不合格	专业学位授权类别
32	东北农业大学	公共管理硕士	限期整改	专业学位授权类别
33	东北林业大学	会计硕士	限期整改	专业学位授权类别
34	哈尔滨师范大学	翻译硕士	限期整改	专业学位授权类别
35	哈尔滨商业大学	工程硕士（领域：计算机技术）	不合格	专业学位授权类别
36	上海大学	工程管理硕士	限期整改	专业学位授权类别
		艺术硕士	限期整改	专业学位授权类别
37	东南大学	教育硕士	限期整改	专业学位授权类别
38	南京航空航天大学	社会工作硕士	限期整改	专业学位授权类别
		公共管理硕士	不合格	专业学位授权类别
		艺术硕士	不合格	专业学位授权类别
39	河海大学	法律硕士	不合格	专业学位授权类别

续表

序号	学位授予单位名称	学科名称/专业学位类别	评估结果	授权类别
40	江苏大学	会计硕士	限期整改	专业学位授权类别
41	扬州大学	艺术硕士	限期整改	专业学位授权类别
42	合肥工业大学	艺术硕士	限期整改	专业学位授权类别
43	安徽师范大学	翻译硕士	限期整改	专业学位授权类别
44	厦门大学	审计硕士	限期整改	专业学位授权类别
		教育硕士	不合格	专业学位授权类别
45	福州大学	翻译硕士	限期整改	专业学位授权类别
46	福建师范大学	工程硕士（领域：环境工程）	不合格	专业学位授权类别
		农业硕士	不合格	专业学位授权类别
47	南昌大学	教育硕士	限期整改	专业学位授权类别
48	江西农业大学	工程硕士（领域：计算机技术）	不合格	专业学位授权类别
49	山东大学	体育硕士	限期整改	专业学位授权类别
50	济南大学	临床医学硕士	不合格	专业学位授权类别
51	青岛理工大学	会计硕士	限期整改	专业学位授权类别
52	山东农业大学	工程硕士（领域：农业工程）	限期整改	专业学位授权类别
		工程硕士（领域：环境工程）	限期整改	专业学位授权类别
		会计硕士	限期整改	专业学位授权类别
53	山东师范大学	工程硕士（领域：环境工程）	不合格	专业学位授权类别
54	曲阜师范大学	工程硕士（领域：电子与通信工程）	限期整改	专业学位授权类别
		农业硕士	不合格	专业学位授权类别
		艺术硕士	限期整改	专业学位授权类别
55	鲁东大学	翻译硕士	限期整改	专业学位授权类别
56	山东财经大学	工程硕士（领域：项目管理）	不合格	专业学位授权类别
57	烟台大学	翻译硕士	限期整改	专业学位授权类别
		工程硕士（领域：电子与通信工程）	不合格	专业学位授权类别
58	河南农业大学	工商管理硕士	不合格	专业学位授权类别

续表

序号	学位授予单位名称	学科名称/专业学位类别	评估结果	授权类别
58	河南农业大学	公共管理硕士	不合格	专业学位授权类别
59	河南大学	工程硕士（领域：环境工程）	不合格	专业学位授权类别
60	信阳师范学院	工程硕士（领域：化学工程）	不合格	专业学位授权类别
61	武汉大学	教育硕士	限期整改	专业学位授权类别
62	中国地质大学	会计硕士	限期整改	专业学位授权类别
63	武汉纺织大学	工程硕士（领域：环境工程）	不合格	专业学位授权类别
		工程硕士（领域：项目管理）	不合格	专业学位授权类别
		工商管理硕士	不合格	专业学位授权类别
64	中南民族大学	翻译硕士	限期整改	专业学位授权类别
65	湘潭大学	会计硕士	限期整改	专业学位授权类别
66	湖南科技大学	工程硕士（领域：计算机技术）	限期整改	专业学位授权类别
67	中山大学	税务硕士	限期整改	专业学位授权类别
68	汕头大学	艺术硕士	限期整改	专业学位授权类别
69	华南理工大学	艺术硕士	不合格	专业学位授权类别
70	广州大学	艺术硕士	限期整改	专业学位授权类别
71	五邑大学	工程硕士（领域：电子与通信工程）	限期整改	专业学位授权类别
72	特种作战学院	体育硕士	限期整改	专业学位授权类别
73	重庆医科大学	公共管理硕士	限期整改	专业学位授权类别
74	西南大学	会计硕士	限期整改	专业学位授权类别
75	四川大学	审计硕士	限期整改	专业学位授权类别
		教育硕士	不合格	专业学位授权类别
76	西南交通大学	工程管理硕士	限期整改	专业学位授权类别
		艺术硕士	限期整改	专业学位授权类别
77	成都理工大学	工商管理硕士	不合格	专业学位授权类别
		工程管理硕士	限期整改	专业学位授权类别
78	贵州师范大学	工程硕士（领域：环境工程）	不合格	专业学位授权类别

续表

序号	学位授予单位名称	学科名称/专业学位类别	评估结果	授权类别
79	昆明理工大学	农业硕士	不合格	专业学位授权类别
80	西南林业大学	工程硕士（领域：建筑与土木工程）	限期整改	专业学位授权类别
81	云南师范大学	工程硕士（领域：化学工程）	不合格	专业学位授权类别
82	云南民族大学	公共管理硕士	限期整改	专业学位授权类别
83	西藏大学	艺术硕士	限期整改	专业学位授权类别
84	西北大学	教育硕士	不合格	专业学位授权类别
85	西安建筑科技大学	工程管理硕士	限期整改	专业学位授权类别
86	西安工程大学	工商管理硕士	限期整改	专业学位授权类别
87	长安大学	旅游管理硕士	不合格	专业学位授权类别
88	兰州大学	口腔医学硕士	限期整改	专业学位授权类别
89	西北师范大学	艺术硕士	限期整改	专业学位授权类别
90	西北民族大学	艺术硕士	限期整改	专业学位授权类别
91	青海师范大学	体育硕士	限期整改	专业学位授权类别
92	新疆师范大学	翻译硕士	限期整改	专业学位授权类别
93	新疆财经大学	税务硕士	限期整改	专业学位授权类别
		资产评估硕士	限期整改	专业学位授权类别

附表4-2　主动提出放弃授权的学位授权点名单

序号	学位授予单位名称	学科名称/专业学位类别	授权类别
1	中国地质大学	农业资源与环境	硕士学位授权
2	新疆大学	光学工程	硕士学位授权
1	北京大学	资产评估硕士	专业学位授权类别
		出版硕士	专业学位授权类别
		图书情报硕士	专业学位授权类别
2	清华大学	汉语国际教育硕士	专业学位授权类别

续表

序号	学位授予单位名称	学科名称/专业学位类别	授权类别
3	北京航空航天大学	保险硕士	专业学位授权类别
4	北京理工大学	国际商务硕士	专业学位授权类别
5	北京工商大学	旅游管理硕士	专业学位授权类别
6	中国农业大学	国际商务硕士	专业学位授权类别
		保险硕士	专业学位授权类别
		工程管理硕士	专业学位授权类别
7	南开大学	资产评估硕士	专业学位授权类别
8	天津大学	应用统计硕士	专业学位授权类别
		保险硕士	专业学位授权类别
9	河北工业大学	国际商务硕士	专业学位授权类别
		工程管理硕士	专业学位授权类别
10	河北师范大学	工程硕士（领域：材料工程）	专业学位授权类别
11	山西师范大学	工程硕士（领域：材料工程）	专业学位授权类别
12	大连理工大学	会计硕士	专业学位授权类别
13	吉林大学	资产评估硕士	专业学位授权类别
		审计硕士	专业学位授权类别
		工程管理硕士	专业学位授权类别
14	东北师范大学	风景园林硕士	专业学位授权类别
15	哈尔滨工业大学	工程管理硕士	专业学位授权类别
16	东北林业大学	工商管理硕士	专业学位授权类别
17	哈尔滨医科大学	药学硕士	专业学位授权类别
18	华东理工大学	中药学硕士	专业学位授权类别
19	第二军医大学	公共管理硕士	专业学位授权类别
20	浙江大学	旅游管理硕士	专业学位授权类别
21	中国地质大学	旅游管理硕士	专业学位授权类别
		工程管理硕士	专业学位授权类别

续表

序号	学位授予单位名称	学科名称/专业学位类别	授权类别
22	华中师范大学	工程硕士（领域：材料工程）	专业学位授权类别
		工程硕士（领域：项目管理）	专业学位授权类别
		工程硕士（领域：物流工程）	专业学位授权类别
23	中南大学	国际商务硕士	专业学位授权类别
		汉语国际教育硕士	专业学位授权类别
		工程硕士（领域：工业工程）	专业学位授权类别
24	国防科学技术大学	工商管理硕士	专业学位授权类别
25	西南交通大学	资产评估硕士	专业学位授权类别
26	西北大学	旅游管理硕士	专业学位授权类别

附录五 2015年学位与研究生教育质量方面的重要文件

一、《教育部关于加强专业学位研究生案例教学和联合培养基地建设的意见》

（教研〔2015〕1号，教育部2015年5月7日）

各省、自治区、直辖市教育厅（教委），新疆生产建设兵团教育局，各专业学位研究生教育指导委员会，有关研究生培养单位：

为贯彻落实《教育部 国家发展改革委 财政部关于深化研究生教育改革的意见》（教研〔2013〕1号）、《教育部 人力资源社会保障部关于深入推进专业学位研究生培养模式改革的意见》（教研〔2013〕3号），深化专业学位研究生培养模式改革，提高培养质量，现就加强专业学位研究生案例教学和联合培养基地（以下简称“基地”）建设提出如下意见。

（一）充分认识加强案例教学和基地建设的重要意义

（1）案例教学是以学生为中心，以案例为基础，通过呈现案例情境，将理论与实践紧密结合，引导学生发现问题、分析问题、解决问题，从而掌握理论、形成观点、提高能力的一种教学方式。加强案例教学，是强化专业学位研究生实践能力培养，推进教学改革，促进教学与实践有机融合的重要途径，是推动专业学位研究生培养模式改革的重要手段。

（2）基地是培养单位为加强专业学位研究生实践能力培养，与行业、企业、社会组织等（以下简称“合作单位”）共同建立的人才培养平台，是专业学位研究生进行专业实践的主要场所，是产学结合的重要载体。加强基地建设，是专业学位研究生实践能力培养的基本要求，是推动教育理念转变、深化培养模式改革、提高培养质量的重要保证。

（二）加强案例教学，改革教学方式

（3）重视案例编写，提高案例质量。培养单位和全国专业学位研究生教育指导委员会（以下简称“教指委”）要积极组织有关授课教师在准确把握案例教学实质和基本要求的基础上，致力于案例编写，同时吸收行业、企业骨干以及研究生等共同参与。鼓励教师将编写教学案例与基于案例的科学研究相结合，编写过程注重理论与实际相结合，开发和形成一大批基于真实情境、符合案例教学要求、与国际接轨的高质量教学案例。

（4）积极开展案例教学，创新教学模式。培养单位要根据培养目标及教指委制定的指导性培养方案，明确案例教学的具体要求，规范案例教学程序，提高案例教学质量，强化案例教学效果。加强授课教师与学生的双向交流，引导学生独立思考、主动参与、团队合作，建立以学生为中心的教学模式。

（5）加强师资培训与交流，开展案例教学研究。培养单位和教指委要积极开展案例教学师资培训和交流研讨，推出案例观摩课和视频课，帮助教师更新教学观念，了解案例教学的内涵实质，准确把握案例教学的特点和要求，熟练掌握教学方法，提高案例教学的能力和水平，积极主动开展案例教学。同时，组织开展相关理论与实践研究，解决案例编写和教学中的难点问题，探索提高案例编写和教学水平的思路与方法，为推广和普及案例教学提供指导。

（6）完善评价标准，建立激励机制。完善教师考核评价机制和人才培养评价标准，调动教师和学生参与案例教学的积极性。培养单位要把案例研究、编写、教学以及参加案例教学培训等情况，纳入教师教学和科研考核体系。有条件的教指委和培养单位，可以组织开展优秀案例、优秀案例视频课评选和案例教学竞赛等活动，引导和推动广大教师更加深入地研究和实施案例教学。

（7）整合案例资源，探索案例库共享机制。鼓励不同专业学位类别之间、培养单位之间积极开展案例研究、开发和使用等方面的交流与合作。完善案例库建设、管理和使用办法，提高案例使用效率。有条件的机构、组织和培养单位可以充分运用网络媒介和信息化手段，搭建案例研究、开发、使用和共享的公共平台。整合案例资源，支持建设“国家级专业学位案例库和教学案例推广中心”。

（8）加强开放合作，促进案例教学国际化。各培养单位和教指委，要积极搭建合作交流平台，逐步将国内优秀案例推向国际，展示中国专业学位研究生教育成果。同时，根据实际需要，积极引进国外高质量教学案例，加以学习和借鉴，逐步建立起具有中国特色、与国际接轨的案例教学体系。

（三）加强基地建设，推进产学结合

（9）创新建设模式，构建长效机制。培养单位要根据社会需求和人才培养目标，坚持创新，讲求实效，积极探索多种形式的联合培养机制。充分发挥合作单位在专业学位研究生培养过程中的积极性、主动性和创造性，共同制订培养目标、建设相关课程、参与培养过程、评价培养质量，建立产学有机融合的协同育人模式。以基地建设为纽带，充分发挥各自优势，构建人才培养、科学研究、成果转化、社会服务、文化传播等多元一体、互惠共赢的资源共享机制和合作平台。

（10）健全标准体系，规范基地管理。培养单位应根据不同专业学位类别的特点和培养目标定位，紧紧围绕行业和区域人才需求，分类制订基地遴选与建设标准，建立一批满足人才培养需求的规范化基地。协调合作单位，建立健全基地管理体系，组建基地运行专门管理机构，完善管理制度和运行机制，妥善解决知识产权归属等问题，明确各方责权利，推动基地科学化管理。针对不同专业学位类别，建立多样化的基地评价体系，定期开展自我评估，重点考核基地人才培养的实际效果。

（11）严格培养过程，创新培养模式。培养单位要依托基地，建立健全合作单位在招生录取、课程教学、实践训练和学位论文等方面全程参与研究生培养的合作机制。会同合作单位，根据培养方案，结合基地实际，制订研究生在基地期间的培养细则，明确培养考核要求，落实学生在培养单位与培养基地的时间分配和具体培养内容，加强对基地期间培养过程监督。要紧密结合基地实际，创新培养模式，通过采用阶段考核和终期考核相结合等方式，加强对研究生实践能力的培养。

（12）加强导师队伍建设，构建“双师型”团队。培养单位要完善研究生导师遴选机制，在合作单位中遴选一批思想政治素质过硬、师德高尚、实践经验丰

富和学术水平较高的人员担任研究生实践教学的导师，建立基地导师定期培训、考核和退出制度，有针对性地提升基地导师实践指导能力和水平。选派青年教师到基地挂职锻炼或参与实践教学，提高实践教学能力。建立校内外导师定期交流合作机制，共同制定培养计划，共同参与指导，构建分工明确、优势互补、通力合作的“双师型”团队，实现培养单位人才培养规格与行业、企业人才需求之间的有机衔接。

（13）建立激励机制，加强示范引领。各教指委和省级教育部门要悉心指导基地建设工作，可根据实际需要组织开展示范性基地遴选和优秀实践教学成果评选，积极推进示范性基地建设工作，发掘先进典型，及时总结并推广好的经验和做法，加强示范引导。各培养单位应会同合作单位制订切实可行的基地建设和实施方案，以创建示范基地为驱动，大力推进实践教学工作，充分发挥示范基地先行先试的引领带动作用，深入推动专业学位研究生培养模式改革。

（四）加大投入，完善政策配套和条件保障

（14）各培养单位要高度重视案例教学和基地建设，科学规划、创造条件，加大经费和政策支持力度。设立案例教学和基地建设专项经费，为案例教学和基地建设提供必要的条件保障。通过人才培养项目、实验室建设、联合科研攻关等途径加大对案例教学和基地建设等方面的投入。

（15）各教指委要加强对案例教学和基地建设的指导，研究制订案例教学和基地建设的基本要求，积极推广普及案例教学和基地建设经验，引导培养单位做好案例教学和基地建设工作。

（16）各省级教育部门要加强组织领导，会同有关部门，统筹区域内案例教学和基地建设，加强政策引导和经费支持，调动行业、企业的积极性，推动专业学位研究生教育与地方经济社会发展的紧密结合。鼓励有条件的地区，设立专项资金支持本地区研究生培养单位的案例教学和基地建设工作。

（17）案例教学和基地建设情况将作为专业学位授权点合格评估的重要内容。各省级教育部门和教指委要针对案例教学和基地建设情况加强督促检查，切实推动案例教学和基地建设工作积极发展。

二、《国务院学位委员会 教育部关于印发〈学位证书和学位授予信息管理办法〉的通知》

（学位［2015］18号，国务院学位委员会、教育部2015年6月26日）

各省、自治区、直辖市学位委员会、教育厅（教委），新疆生产建设兵团教育局，有关部门（单位）教育司（局），中国科学院前沿科学与教育局，中国社会科学院研究生院，中共中央党校学位评定委员会，中国人民解放军学位委员会，各学位授予单位：

根据国务院学位委员会第三十一次会议关于调整学位证书制发方式和管理办法的决议，为更好地适应学位工作和高等教育综合改革需要，提高学位授予质量，特制定《学位证书和学位授予信息管理办法》并印发给你们，请遵照执行。

自2016年1月1日起，学位证书由各学位授予单位自行印制，国务院学位委员会办公室印制的学位证书不再使用。各学位授予单位和有关主管部门要高度重视学位证书制发方式的调整工作，做好宣传解释，确保稳步实施。

附件：学位证书和学位授予信息管理办法

第一章　总则

第一条　为规范学位证书制发，加强学位授予信息管理，根据《中华人民共和国高等教育法》和《中华人民共和国学位条例》及其暂行实施办法，制定本办法。

第二条　学位证书是学位获得者达到相应学术水平的证明，由授予学位的高等学校和科学研究机构（简称“学位授予单位”）制作并颁发给学位获得者。本办法所指学位证书为博士学位证书、硕士学位证书和学士学位证书。

第三条　学位授予信息是学位获得者申请学位的相关信息，以及学位证书的主要信息，包括博士学位、硕士学位和学士学位授予信息。

第二章　学位证书制发

第四条　学位证书由学位授予单位自主设计、印制。

第五条　学位证书应包括以下内容：

（一）学位获得者姓名、性别、出生日期（与本人身份证件信息一致），近期免冠正面彩色照片（骑缝加盖学位授予单位钢印）。

（二）攻读学位的学科、专业名称（名称符合国家学科专业目录及相关设置的规定）。

（三）所授学位的学科门类或专业学位类别（按国家法定门类或专业学位类别全称填写）。

（四）学位授予单位名称，校（院、所）长签名。

（五）证书编号。统一采取十六位阿拉伯数字的编号方法。十六位数字编号的前五位为学位授予单位代码；第六位为学位授予的级别，博士为 2，硕士为 3，学士为 4；第七至第十位为授予学位的年份（如 2016 年授予的学位，填 2016）；后六位数为各学位授予单位自行编排的号码。

（六）发证日期（填写学位授予单位学位评定委员会批准授予学位的日期）。

第六条　对于撤销的学位，学位授予单位应予以公告，宣布学位证书作废。

第七条　学位证书遗失或损坏的，经本人申请，学位授予单位核实后可出具相应的“学位证明书”。学位证明书应注明原学位证书编号等内容。学位证明书与学位证书具有同等效力。

第三章　学位授予信息报送

第八条　学位授予信息主要包括：学位获得者个人基本信息、学业信息、研究生学位论文信息等。信息报送内容由国务院学位委员会办公室制定。

第九条　学位授予单位根据国务院学位委员会办公室制定的学位授予信息数据结构和有关要求，结合本单位实际情况，确定信息收集范围，采集学位授予信息并报送省级学位主管部门。

第十条　省级学位主管部门汇总、审核、统计、发布本地区学位授予单位的学位授予信息并报送国务院学位委员会办公室。

第十一条　国务院学位委员会办公室汇总各省（自治区、直辖市）和军队系统的学位授予信息，开展学位授予信息的统计、发布。

第十二条　学位授予单位在做出撤销学位的决定后，应及时将有关信息报送省级学位主管部门和国务院学位委员会办公室。

第十三条　确需更改的学位授予信息，由学位授予单位提出申请，经省级学位主管部门审核确认后，由省级学位主管部门报送国务院学位委员会办公室进行更改。

第四章　管理与监督

第十四条　学位授予单位负责：

（一）设计、制作和颁发学位证书；

（二）收集、整理、核实和报送本单位学位授予信息，确保信息质量；

（三）将学位证书的样式及其变化情况、学位评定委员会通过的学位授予决定及名单及时报送省级学位主管部门备查。

第十五条　省级学位主管部门负责：

（一）本地区学位证书和学位授予信息的监督管理，查处违规行为；

（二）组织实施本地区学位授予信息的汇总、审核和报送。

（三）对本地区学位授予信息的更改进行审核确认。

第十六条　国务院学位委员会办公室负责：

（一）学位证书和学位授予信息的规范管理，制定有关的管理办法和工作要求，指导查处违规行为；

（二）组织开展学位授予信息报送工作；

（三）学位授予信息系统的运行管理；

（四）学位证书信息网上查询的监管。

第五章　附则

第十七条　根据有关规定，学位授予单位印制的学位证书，不得使用国徽图案。

第十八条　学位证书是否制作外文副本，由学位授予单位决定。

第十九条　中国人民解放军系统的学位证书和学位授予信息管理，由军队学位委员会参照本办法制定具体规定。

第二十条　本办法自 2016 年 1 月 1 日起实行。有关规定与本办法不一致的，以本办法为准。

主要参考文献

[1] Cassuto L. *The Graduate School Mess: What Caused It and How We Can Fix it* [M]. Harvard University Press，2015.

[2] 金子元久. 高等教育的社会经济学 [M]. 北京：北京大学出版社，2007.

[3] 国务院学位委员会第六届学科评议组. 一级学科博士、硕士学位基本要求（上下册）[M]. 北京：高等教育出版社，2013.

[4] 国务院学位委员会第六届学科评议组. 学位授予和人才培养一级学科简介 [M]. 北京：高等教育出版社，2013.

[5] 林蕙青. 积极探索 开拓创新 深入开展专业学位研究生教育综合改革试点 [J]. 中国高等教育，2011（6）：9—12.

[6] 王战军. 我国研究生教育的国际影响力 [J]. 国家教育行政学院学报，2013（2）：16—19.

[7] 翟亚军，王战军，彭方雁. 研究生教育质量的指数测度方法——对“985工程”一期教育部直属高校的实证分析 [J]. 教育研究，2012（2）:79—83.

[8] 聚焦质量 谋划改革 推动内涵发展——全国研究生教育质量工作会议暨国务院学位委员会第三十一次会议综述 [J]. 学位与研究生教育，2015（1）：24—25.

[9] 牛国卫，张红. 专业学位的特性与专业学位研究生质量的提升 [J]. 研究生教育研究，2011（4）：81—85.

[10] 佘远富，刘超. 论大众化背景下高等教育的社会适应性 [J]. 高等教育研究，2010（1）：41—48.

[11] 袁本涛，王传毅，胡轩，等. 我国在校研究生对国际高水平学术论文发表的贡献有多大？——基于ESI热点论文的实证分析（2011—2012）[J]. 学位与研究生教育，2014（2）：57—61.

[12] 袁本涛，王传毅，吴青. 我国在校研究生的学术贡献有多大 [J]. 高等工程教育研究，2015（1）154—160.

[13] 吴峰. 美国高校远程研究生教育及启示 [J]. 开放教育研究，2016（2）:25—29+37.

［14］张杰．“三位一体”培养创新型领袖人才——上海交通大学人才培养目标探索［J］．国家教育行政学院学报，2010（10）：3—5.

［15］杜朝辉，张国栋．上海交通大学研究生培养机制改革的实践与思考［J］．学位与研究生教育，2012（10）：10—14.

［16］张杰．以全球视野建设研究生教育质量保障体系［J］．学位与研究生教育，2015（1）：22—23.

［17］李白薇，潘建伟．扣响量子世界的大门［J］．中国科技奖励，2014（7）：64—67.

［18］李文倩．我所期待的研究生教育［J］．中国研究生，2010（10）：49—51.

［19］赵琳．倾听学生的声音［N］．光明日报，2014-11-23（6）.

［20］文晶．潘建伟：深耕在量子世界［N］．经济日报，2015（6）.

［21］高博．“钱学森之问”症结在文化土壤［N］．科技日报，2013（3）.

［22］习近平．为建设世界科技强国而奋斗——在全国科技创新大会、两院院士大会、中国科协第九次全国代表大会上的讲话．［EB/OL］．［2016-05-31］．http://www.moe.gov.cn/jyb_xwfb/moe_176/201606/t20160601_247259.html.

［23］刘延东在国务院学位委员会第二十九次会议上强调系统部署，重点推进，全面提升学位与研究生教育水平．［EB/OL］．［2013-08-10］．http://www.moe.edu.cn/publicfiles/business/htmlfiles/moe/moe_847/201202/131256.html.

［24］刘延东．在纪念《中华人民共和国学位条例》实施三十周年纪念大会上的讲话．［EB/OL］.［2011-02-12］．http://www.moe.edu.cn/publicfiles/business/htmlfiles/moe/moe_176/201103/116234.html.

［25］阎光才．研究生教育质量提升面临“内部”困局［N］．光明日报，2015-01-06（14）.

［26］张大良，郭新立，王延觉，等．做客强国论坛谈“全面提高高等教育质量”．［EB/OL］．［2012-04-20］.http://www.moe.edu.cn/publicfiles/business/htmlfiles/moe/s6410/201204/134381.html.

［27］国务院学位委员会2011年工作要点［EB/OL］．［2011-03-22］．http://www.cdgdc.edu.cn/xwyyjsjyxx/sy/syzhxw/272700．shtml.

［28］晋浩天．研究生教育的供给侧改革来了．光明日报，2016-04-07（5）.

［29］湖南省教育厅．湖南开展研究生培养过程质量评估 切实促进研究生培养质量全面提高．［EB/OL］．［2013-02-07］.http://www.moe.edu.cn/publicfiles/business/htmlfiles/moe/moe_1750/201302/147557.html.

[30] 阎光才. 学位授权点合格评估改了什么. [EB/OL]. [2015-03-18]. http://news.gmw.cn/2014-03/25/content_10789357.htm.

[31] 上海大学. 2012—2013 年度上海大学学位与研究生教育质量报告. [EB/OL]. [2013-10-17] http://yjsb. shu.edu.cn/NewsManage/UploadFile/201309/2013101616838536.pdf.

[32] 同济大学. 专业精英 社会栋梁——同济大学 2012 年研究生教育质量报告. [EB/OL]. [2013-10-18]. http://news.tongji.edu.cn/themes/1/userfiles/download/2013/12/23/1ntb1ylwnsnh721. pdf.

[33] 华东师范大学. 华东师范大学学位与研究生教育质量报告(2012—2013 学年). [EB/OL]. [2014-01-01]. http://news.ecnu.edu.cn/s/192/t/342/69/46/info92486.htm.

[34] 中国科协、教育部《关于开展科学道德和学风建设宣讲教育活动的通知》. [EB/OL]. [2011-09-23]. http://www.moe.edu.cn/publicfiles/business/htmlfiles/moe/A22/index.html.

[35] 复旦大学探索建立研究生科学道德和学风建设长效化机制. [EB/OL]. [2013-02-01]. http://www.moe.gov.cn/publicfiles/business/htmlfiles/moe/s164/201302/147412.html.

[36] 上海交通大学"五个一"推进研究生学术道德教育. [EB/OL]. [2012-06-07]. http://www.moe.gov.cn/publicfiles/business/htmlfiles/moe/s166/201206/137372.html.

[37] 南开大学多举措全方位调动研究生参与学风建设的积极性和主动性. [EB/OL]. [2012-08-30] http://www.moe.gov.cn/publicfiles/business/htmlfiles/moe/s156/201208/141279.html.

[38] 马德秀. 研究生教育要更加注重适应需求. 中国青年报, 2012-03-14.

[39] 赵斌. 美国也在反思如何重构研究生教育体系, 科学网.

[40] 王聃. 研究生低就业 须重塑理性教育模式 [N/OL]. [2012-07-17]. http://cq.cqnews.net/shxw/2012-07/17/content_17651236.htm.

[41] 戴甲培. 研究生: 走出"浮躁"的怪圈 [N/OL]. [2012-04-18]. http://cjmp.cnhan.com/whcb/html/2012-04/18/content_4991708.htm.

[42] 唐玉光. 研究生教育要有"质"有"量" [N]. 光明日报, 2016-01-09(9).

[43] 铁铮. 研究生教育质量"再思量" [J]. 北京教育: 高教版, 2015(3).

[44] 钟扬. 研究生培养质量提升的解决之道 [N]. 文汇报, 2015-11-20.

[45] 杨国营. 淘汰率这把尺子测不了研究生教育 [N]. 中国教育报, 2015-1-22(2).

[46] 中国教育网关于"学术不端"行为的调查报告 [EB/OL]. [2011-02-25]. http://www.edu.cn/html/e/xsbd/.

［47］研究生教育：别让学历捆绑了道德［EB/OL］．［2012-09-24］．http://edu.sina.com.cn/kaoyan/2012-09-24/1827356755.shtml.

［48］众多高校启用学术不端行为检测系统 先测谎再毕业［EB/OL］．［2011-04-01］．http://china.cnr.cn/gdgg/201104/t20110401_507853289.html.

［49］阎光才．研究生教育质量提升面临“内部”困局，光明日报，2015-01-06（14）．

［50］“学历查三代”对研究生教育投出不信任票［N］．中国青年报，2013-05-15.

［51］学历查三代：真需要还是没必要．［EB/OL］．［2012-12-17］．http://www.youth.cn.

［52］资深媒体人阮纪宏：研究生学位贬值但不能不读．［EB/OL］．［2012-10-18］．http://phtv．ifeng.com/program/zbjsj/detail_2012_10/18/18347756_0．shtml.

［53］中国：全球高等教育中强势崛起的中国力量．［N］．卫报，2015-10-12.

［54］美国：国际教育协会宣布“赴华留学研究生奖学金项目”正式启动．国际教育协会官网，2014-05-23.

［55］全球：博士生泛滥［N］．大学世界新闻，2013-04-03.

［56］Nathan E．Bell，J effrey R．Allum．*Enrollment and Degrees in Professional Master’s*（*PSM*）*Programs: 2011*［EB/OL］．［2013-06-25］．http://www.sciencemasters.com/portals/0/pdfs/PSM_Enrollment_and_Degrees_Report_2011．pdf.

［57］博士教育沦为加工厂？［N］．自然，2011-4-20.

［58］美国：报道指中国大学过度追求“世界一流”［N］．高等教育纪事，2013-04-30.

［59］全球：国际联合培养学位和双学位的发展趋势良好．美国国际教育协会，2011-9.

［60］美国．国际教育协会宣布“赴华留学研究生奖学金项目”正式启动．国际教育协会官网，2014-05-23.

［61］英国高校希望中国可以提高跨国教育法规的透明度［N］．泰晤士报世界大学排名，2016-03-28．

［62］中国：中国的国际高等教育领头羊之路任重而道远［N］．大学世界新闻，2016-03-22.

［63］教育部，国家统计局，财政部．关于2014年全国教育经费执行情况统计公告．［EB/OL］．［2016-05-10］．http://www.moe.edu.cn/srcsite/A05/s3040/201510/t20151013_213129.html.

［64］国家统计局，科学技术部，财政部．2014年全国科技经费投入统计公报［EB/OL］．［2016-05-01］．http://www.mof．gov.cn/zhengwuxinxi/caizhengshuju/201511/t20151127_1586024.html.

［65］清华大学携手华盛顿大学和微软公司在美创建全球创新学院［EB/OL］．［2016-05-22］．http://education．news.cn/2015-06/19/c_1115671590.htm.

［66］全球创新学院在京启动首个双学位硕士项目［EB/OL］．［2016-05-23］．http://www.tsinghua.edu.cn/publish/news/4210/2015/20151110154650900284998/201511101546509002849998_.html.

［67］中国高校首设信访博士培养方向明年起招生［EB/OL］．［2016-05-22］．http://www.edu.cn/zhong_guo_jiao_yu/gao_deng/gao_jiao_news/201507/t20150707_1285463．shtml.

［68］工程硕士混合式教学项目启动［EB/OL］．［2016-05-22］．http://news.xinhuanet.com/politics/2015-07/08/c_127997492.htm.

［69］工程硕士推混合式教学三年建百门在线课程［EB/OL］．［2016-05-22］．http://news.sina.com.cn/o/2015-07-07/160632082291.shtml.

［70］2017年起将实施临床医学类专业学位研究生招生改革［EB/OL］．［2016-05-22］．http://www.teachercn.com/EduNews/News_Zcfg/2015-9/15/2015091509023445397_2.html.

［71］教育部：2016年硕士研究生招生考试作弊行为将被追究刑责［EB/OL］．［2016-05-22］．http://news.xinhuanet.com/2015-12/17/c_1117498713.htm.

［72］考研人数止跌反弹今年替考等入刑最高可判7年［EB/OL］．［2016-05-24］．http://news.sohu.com/20151225/n432538420.shtml.

［73］女博士因抄袭门被撤销学位起诉北大要求恢复［EB/OL］．［2016-05-24］．http://edu.people.com.cn/n/2015/1014/c1053-27695971.html.

［74］“史上最严”研究生考试疑似泄题［EB/OL］．［2016-05-24］．http://news.163.com/15/1229/03/BBVJRCH500014Q4P.html.

［75］中国规定不得招收领导干部在职进站从事博士后研究［EB/OL］．［2016-05-22］．http://news.xinhuanet.com/politics/2015-12/03/c_1117343445.htm.22_13539796.htm.

［76］上海交通大学学位与研究生教育质量学年报告2014—2015［EB/OL］．（2015—10）［2016-05-23］．http://202.119.24.249/cache/4/03/sjtu.edu.cn/6582394f6f144e3078c46b66a646a432/ACDDD37C8DA8826874E4C68EBF348F76.pdf.

［77］国家中长期教育改革和发展规划纲要［EB/OL］．（2010-07-29）［2016-05-24］．http://www.moe.edu.cn/publicfiles/business/htmlfiles/moe/moe_838/201008/93704.html.

［78］上海交通大学2010—2020年中长期发展暨“十二五”规划［EB/OL］．［2016-05-24］．http://gk.sjtu.edu.cn/index.php/list/basic-info/2015-10-30-14-44-30/478-2010-

2021.

［79］上海交大校长张杰《Nature》发文阐述中国大学改革［EB/OL］．（2014-10-16）［2016-05-25］．http://news.sjtu.edu.cn/info/1002/352765.htm.

［80］研究生培养机制改革的相关问题［EB/OL］．（2015-12-03）［2016-05-24］．http://www.gs.sjtu.edu.cn/info/1131/1788.htm.

［81］潘建伟——中国科学院院士［EB/OL］．［2016-05-25］．http://www.ustc.edu.cn/szdw/lyys/201112/t20111214_126869.html.

［82］潘建伟．令人惊叹的存在!［EB/OL］．［2016-05-25］．http://learning.sohu.com/20160314/n440322151.shtml.

［83］中科大实现量子瞬间传输技术重大突破［EB/OL］．［2016-05-25］．http://news.163.com/15/0306/13/AK1F1GUU0001124J.html.

［84］潘建伟院士．"量子京沪干线"今年建成［EB/OL］．［2016-05-25］．http://news.sciencenet.cn/htmlnews/2016/3/339671.shtm.

［85］2015国际物理学十大突破公布:中国科研成果居首［EB/OL］．［2016-05-25］．http://news.163.com/15/1212/15/BAL55LVK0001124J.html.

［86］中国科大实现综合性能国际最优的单光子源［EB/OL］．［2016-05-22］．http://www.cas.cn/syky/201601/t20160127_4526315．shtml#rd.

［87］潘建伟．敢做世界领跑者［EB/OL］．［2016-05-25］．http://epaper．gmw.cn/gmrb/html/2014-06/03/nw．D110000gmrb_20140603_1-01.htm.

［88］潘建伟院士．他与量子的纠缠从未停止［EB/OL］．［2016-05-25］．http://tech.gmw.cn/2016-01/08/content_18419935.htm.

［89］潘建伟．量子世界"追梦人"［EB/OL］．［2016-05-25］．http://www.jyb.cn/high/gjrw/201406/t20140613_586011.html.

［90］徐笛薇．专访泰晤士报大学榜主编：中国大学越来越强，但缺创造性思维［EB/OL］．2016-05-05［2016-05-22］．http://www.thepaper.cn/newsDetail_forward_1465001_1.

［91］QS最新排名出炉：中国高等教育系统实力世界第八［EB/OL］．2016-05-19［2016-05-22］http://education．news.cn/2016-05/19/c_128997057.htm.

［92］徐笛薇．泰晤士报发全球大学声誉榜：清华列十八，内地三校首入百强．［EB/OL］．（2016-05-05）［2016-05-22］http://www.thepaper.cn/newsDetail_forward_1464793_1.

［93］Qiang Zha．*China's path to a "world class" system needs a compass*［EB/OL］Inside Higher

Ed （2016-05-05）.［2016-05-22］. https://www.insidehighered.com/blogs/world-view/chinas-path-world-class-system-needs-compass.

［94］Clarke, Gillian, and Ingrid Lunt. "*International comparisons in postgraduate education: quality, access and employment outcomes*. "［R］.（2014）. Philip G Altbach. China's glass ceiling and feet of clay［EB/OL］. University World News（2016-02-19）［2016-05-22］http://www.universityworldnews.com/article. php? story=20160217143711361.

［95］Snyder, T. D. , & Dillow, S. A. （2016）. *Digest of Education Statistics 2014*. National Center for Education Statistics.

［96］Brendan O' Malley. *UNITED STATES Survey Challenges Thinking on Foreign Graduate Students*, 2015 Issue No:395.［EB/OL］. University World News（2015-12-22）［2016-05-22］. http://www.universityworldnews.com/article. php? story=20151222195640124.

［97］Issue No:391, *New BRICS Deal on Education, Research Collaboration*［EB/OL］. University World News 2015-12-21［2016-05-22］. http://www.universityworldnews.com/article. php? story=20150904154204666.

后 记

创新是一个民族进步的灵魂，是国家兴旺发达的不竭动力。党的十八大明确强调要坚持走中国特色自主创新道路、实施创新驱动发展战略。本报告始终坚持创新为基本研究原则，自 2012 年出版至今，已相继出版发行了 4 个年度。报告的出版受到了社会各界的广泛关注与高度评价。2014 年，本报告荣膺首届中国学位与研究生教育学会研究生教育成果奖一等奖。

2016 年 1 月，研究生教育质量报告编研组创新《中国研究生教育质量年度报告（2016）》编写工作，在汲取前 4 本报告优点的基础之上，多次组织召开课题组编写研讨会，对 2016 年度报告的结构框架、章节内容、创新点及写作方法进行全面、系统的改进与完善，并根据编写专家委员会的意见与建议，本报告从数说质量、事说质量、第三方说质量、省说质量、研究生说质量、境外媒体和专家学者说质量等方面，聚焦了 2015 年我国研究生教育质量，最终形成了 2016 年中国研究生教育质量报告。

2016 年度质量报告的编写成员来自清华大学、北京理工大学、学位与研究生教育杂志社、武汉大学、东南大学、湘潭大学、首都师范大学、北京石油化工学院 8 家单位。报告撰写工作分工如下：第一章，廖湘阳、李明磊；第二章，王战军、唐广军；第三章，耿有权，赵清华、王怀永、江露、郭超君；第四章，王传毅、乔刚、程哲、吕晓泓；第五章，周文辉、刘俊起、黄欢、付鸿飞；第六章，荣利颖、李芬；附录，周玉清。整体报告由王战军统稿，乔刚为项目秘书。

2016 年度报告中的全国研究生满意度调查继续由学位与研究生教育杂志社承担问卷的发放、回收、数据的录入与分析等。2016 年，全国共有清华大学、中国科学技术大学、中国科学院大学等 139 所研究生培养单位的近 4 万名在校研究生参与了问卷调查，参与人数和单位比上年度翻了一番。在此，谨对这 139 所研究生培养单位的有关负责人及工作人员付出的辛勤劳动表示感谢！对所有参与满意度调查的在校研究生表示感谢！也欢迎更多的研究生培养单位和研究生参与到未来的调查活动中来。

同时，还要感谢专家委员会所有成员给予本报告的宝贵意见和建议！感谢编研组成员及工作人员长期为此付出的智慧和汗水！感谢所有参考文献的作者！

《中国研究生教育质量年度报告（2016）》在已有研究的基础上对各个章节进行了诸多创新，以期在保证学术研究严谨性的同时，进一步增强本报告从多维度、多层面对年度研究生教育质量的直观呈现，以回应社会对研究生教育质量的关切，为大学生了解和选择研究生单位提供参考，为研究生教育主管部门提供质量评估参考，为研究生教育工者提供工作参考，为研究生教育研究者提供有价值的学术参考。

但是，由于编研组人员水平有限，本报告仍存在一些不足，请广大读者进行批评指正，以不断改进我们的编写工作，提高这本书的质量和影响力。

最后，该系列报告的编研是一个开放的创作平台，欢迎有志于研究生教育质量研究的同仁加入我们的队伍，共同打造一部全面、系统、多视角、多层面的《中国研究生教育质量年度报告》。

王战军

于 2016 年 7 月